Claus Beling, Gründer der ZDF-Pilcher-Reihe, ist Hauptredaktionsleiter beim ZDF und für Programmerfolge wie *Das Traumschiff, girl friends* u. a. verantwortlich. Gemeinsam mit Heidi Ulmke gab er bereits das Buch *Bezauberndes Cornwall* (rororo 22735) heraus.

Annette Roellenbleck studierte englische und französische Philologie. Zahlreiche Übersetzungen von Literatur zur Geschichte der Gartenkunst und zum englischen Garten sowie eigene Arbeiten und Vorträge zu letztgenanntem Thema. Seit einigen Jahren vorwiegend Tätigkeit als Gartengestalterin. Lebt in Köln.

Claus Beling (Hg.)

CORNWALLS
GARTENPARADIESE

Eine Reise in das Land der
Rosamunde Pilcher-Filme

Mit Texten von Claus Beling und
Annette Roellenbleck

Fotos von Cornelis Gollhardt und
Stephan Wieland

Rowohlt Taschenbuch Verlag

Alle Informationen und Tips in diesem Buch wurden
von den Autoren und dem Verlag sorgfältig geprüft.
Für Änderungen nach Redaktionsschluß und eventuell
unterlaufene Fehler kann keine Haftung übernommen
werden.

Veröffentlicht im Rowohlt Taschenbuch Verlag GmbH,
Reinbek bei Hamburg, Mai 2001
Lizenzausgabe mit freundlicher Genehmigung
der vgs verlagsgesellschaft, Köln
Titel der Originalausgabe:
Cornwalls Gartenparadiese/Claus Beling
Mit Texten von Claus Beling und Annette Roellenbleck
Fotos von Cornelis Gollhardt und Stephan Wieland
Copyright © 1999 by vgs verlagsgesellschaft, Köln
Redaktion Susanne George, vgs
Bildredaktion Ina Schmidt, vgs
Umschlaggestaltung
any.way, Cathrin Günther/Walter Hellmann
Fotos: Kristina Jentzsch (Rosamunde Pilcher)/
Cornelis Gollhardt und Stephan Wieland
Satz und Layout CCG, Köln
Druck Westermann Druck, Zwickau
Printed in Germany
ISBN 3 499 22847 5

INHALT

Vollendete Gartenkunst in traumhafter Landschaft	6
Eine Geschichte des Gartens	14
Traumhafte Parks in Cornwall	44
Der Zauber des Cottagegartens	82

ANHANG

Tips für Gartenreisende	119
Adressen von Parks und Gärten	121
Literatur zum Thema	139
Danksagung	140
Bildnachweis	141
Karte von Cornwall	142/143

Vollendete Gartenkunst in traumhafter Landschaft

Die englische Grafschaft Cornwall, Schauplatz der wunderbaren Rosamunde Pilcher-Verfilmungen, zählt fraglos zu den schönsten Regionen Europas. Seinen Reiz verdankt der äußerste Südwesten Englands nicht zuletzt der einzigartigen Landschaft und den herrlichen Parks und Gärten, für die Cornwall berühmt ist. Hier offenbart sich englische Gartenkunst dank der klimatisch bevorzugten Lage in ihrer ganzen Vielfalt. Wie eine Halbinsel umgeben von Wasser, steht Cornwall unter dem Einfluß des atlantischen Golfstroms, der das ganze Jahr hindurch für gemäßigte Temperaturen sorgt. Neben der Wärme und einer ansehnlichen Zahl jährlicher Sonnentage tut der segensreiche englische Regen das übrige, um die Wiesen, Gärten und Parks in ein üppiges blütenreiches Pflanzenparadies zu verwandeln.

Geographisch beginnt Cornwall dort, wo von Norden kommend der Fluß Tamar bis Plymouth verläuft und auf natürliche Weise den Südwesten von der Grafschaft Devon abgrenzt. Und ganz gleich, aus welcher Richtung man sich Cornwall nähert – vom ersten Augenblick an ist spürbar, das die Kraft der Natur hier etwas ganz Besonderes geschaffen hat.

Zwei „Klimazonen" prägen das Land: die besonders milde Südküste auf der Kanalseite sowie die robustere Nordküste am Atlantik, die freilich immer noch so warm ist, daß dort Palmen wachsen. Auch wenn im Westen die beiden Küsten oft nicht mehr als dreißig, vierzig Kilometer voneinander entfernt sind, können die landschaftlichen Unterschiede durchaus signifikant sein.

Das Landesinnere ist ebenfalls voller Abwechslung. Weitläufige landwirtschaftliche Anbauflächen wechseln sich mit Viehweiden ab, die von jahrhundertealten Steinmauern oder Hecken geschützt sind, und nebelverhangene Hochmoore erinnern an Geistersagen und Geschichten über spurlos verschwundene Wanderer.

Die Südküste zwischen Plymouth und Penzance wird zu Recht die „cornische Riviera" genannt, denn hier offenbart sich ein Panorama, das die meisten Englandbesucher kaum erwarten werden. Verbunden durch traumhafte Buchten und Badestrände, strahlen die zahlreichen kleinen Fischerorte eine fast mediterrane Atmosphäre aus.

Cornische Riviera: Mediterrane Atmosphäre an der Südküste

Die Fischerdörfer Looe, Polperro und Fowey zeigen dem Reisenden besonders deutlich, daß Blumen und Gärten zum cornischen Alltag gehören. In den schmalen Gassen zwischen alten Pubs und kleinen Läden sind viele Häuser blumengeschmückt, werden selbst an schmalen Stellen am Meer kleine Gärten liebevoll gepflegt.

Die Vegetation läßt auf Schritt und Tritt spüren, daß sie es gut meint mit Cornwall. Blühende Wiesen ziehen sich zwischen den schroffen Klippen am Meer bis zum Strand hinunter, während oben das satte Gelb der Ginsterhecken leuchtet und eine weithin sichtbare Grenze zwischen den Felsabbrüchen und den Weiden einer nahe gelegenen Farm bildet. Kaum eine Mauer, eine Nische am Weg, aus der nicht ein Pflänzchen hervorschaut.

Weiter westlich gelangt man zu einem ganz besonders reizvollen Landstrich, der als Nationalpark geschützten Halbinsel Lizard. Dieser äußerste Zipfel Großbritanniens besticht nicht nur durch die Weite sei-

ner Landschaft, sondern auch durch eine überaus vielfältige Küstenvegetation. Sogar Tamarisken sind oberhalb der tosenden Brandung zu entdecken, und Heidekraut, Moose und Flechten bilden zwischen den Felsen außergewöhnliche Kontraste. Berühmt ist der ornithologische Reichtum des Lizard, zu dem viele Arten von Seevögeln gehören, die hier brüten. Und wer etwas ganz Besonderes erleben möchte, kann hier immer wieder Wale und Delphinschwärme beobachten.

Die gesamte Südküste ist bevorzugtes „Cottage-Land" der Engländer, die aus dem ganzen Königreich anreisen, um hier den Sommer zu verbringen und in ihren Cottagegärten jene Art von Landleben, wie es seit jeher von der besseren englischen Gesellschaft gepflegt wurde, wiederzuentdecken. Vor allem im Gebiet um Lamorna, einem großen grünen Tal hinter einer traumhaften Meeresbucht, stehen viele romantische Cottages inmitten farbenfroher Gärten. Auch wenn die reetgedeckten Häuser seltener geworden sind, ist die Cottage-Kultur bis heute ein wichtiger Bestandteil im Alltagsleben Cornwalls.

Bei Land's End, wo Atlantik und Nordsee aufeinandertreffen, wird die Küstenregion allmählich rauher. Dort, wo einst die Arbeit in Zinnbergwerken das Leben der Menschen prägte, fällt vor allem die Kargheit der Natur ins Auge. Doch nur ein Stück weiter östlich folgen in sanftem Übergang geradezu parkartige Landschaften mit üppiger Vegetation. Innerhalb weniger Meilen garantieren diese Kontraste ein außergewöhnlich spannendes Naturerlebnis. Denn auch das ist Cornwall – Gegensätze auf kleinster Fläche.

Wie fast überall in Cornwall stößt man auch in der Umgebung der Städte St. Ives im Norden und Penzance im Süden auf großzügige Parkanlagen und viele Herrenhäuser mit beeindruckenden Ländereien. Zwar lassen einen die Palmen an der Promenade von Penzance im Sommer eher an Italien als an England denken, während ein privater Park wie der des altehrwürdigen Hotels Tregenna Castle in St. Ives sehr viel mehr britische Noblesse ausstrahlt, aber immer und überall wird die gartenarchitektonische Weitsicht und Akribie der cornischen Gärtner erkennbar.

Gartenfreunde können von Penzance aus per Hubschrauber ein sehr ungewöhnliches subtropisches Paradies besuchen: die Isles of Scilly, rund fünfzig Kilometer vor der Küste im Atlantik gelegen. Dieses aus etwa hundert kleinen Inseln bestehende Archipel ist die „Gärtnerei" Cornwalls. Die wenigen Einwohner leben von der Blumenzucht, die der

Ein kleiner Vorgarten erstrahlt in üppiger Pflanzenpracht

warme Golfstrom ermöglicht, dessen Intensität hier besonders groß ist. Die Insel St. Martin's ist das größte Zentrum des Blumenanbaus, von dem aus Narzissen und viele andere Pflanzen das ganze Jahr über bis nach London geliefert werden.

Auf Tresco, der zweitgrößten Insel, ziehen die Abbey Gardens mit ihrer unglaublichen Pracht subtropischer Pflanzen im Sommer viele Besucher an. Riesige Yuccas, Farne und Bäume aus der ganzen Welt gedeihen hier mit größter Selbstverständlichkeit.

Doch zurück zum Festland und seinen landschaftlichen Höhepunkten. Während im äußersten Südwesten Cornwalls Moore und Seen eher selten zu finden sind und großflächiges Farmland vorherrscht, beginnt etwa zwischen Newquay im Norden und dem südlichen St. Austell im Landesinneren eine ausgedehnte Moorlandschaft, die fast bis an die Grenze zu Devon reicht. Das bekannteste Gebiet ist das rund vierhundert Quadratkilometer große Bodmin Moor, ähnlich wie das Dartmoor wegen seiner Gefahren berüchtigt und Schauplatz so mancher schaurigen Geschichte.

In endloser, unberührter Einsamkeit zeigen sich die Moore in unterschiedlicher „Tarnung", hier als riesige steppenartige Grasfläche, dort sumpfig mit geheimnisvollen Seen, auf denen blühende Wasserpflanzen treiben.

Das Zusammenspiel all dieser unterschiedlichen Landschaften auf einer relativ kleinen Grundfläche hat die Grafschaft zu Recht weltberühmt gemacht. Am berühmtesten aber sind ihre Parks und Gärten. Mehr als siebzig große und kleinere Anlagen kann man in Cornwall als besonders prachtvolle Juwelen der Gartenkunst bewundern. Viele der Gärten gehören zu alten Herrensitzen und wurden, wie die Schlösser und Häuser selbst, nach und nach der Öffentlichkeit zugänglich gemacht. Vor allem dem National Trust, einer gemeinnützigen Stiftung, ist es zu verdanken, daß historische Gebäude erhalten und zahlreiche Gärten mit Hingabe restauriert und gepflegt werden.

Entsprechend den klimatischen und geographischen Gegebenheiten Cornwalls verteilen sich die Parks und Gärten mehr auf die Regionen an der Südküste als auf den nördlichen Teil, auch wenn hier so hinreißende Gärten wie Prideaux Place bei Padstow oder Trerice bei Newquay den Anlagen im Süden nicht nachstehen.

Die Konzentration vieler berühmter Gärten im unmittelbaren Hinterland der cornischen Riviera hat freilich auch wirtschaftliche Gründe.

Nachdem im 19. Jahrhundert die ersten Künstler Cornwall für sich entdeckt hatten und hier ansässig wurden, begann mit dem Bau der Eisenbahnlinie auch eine Art Wohlstandstourismus. Die feine Londoner Gesellschaft ließ sich in prächtigen Landhäusern nieder und genoß, was Cornwalls reiche Vegetation zu bieten hatte. Landschaftsparks wurden angelegt, tropische Pflanzen aus den englischen Kolonien herbeigeschafft. Palmen, Orchideen, Bambus und viele andere Gewächse mit

Im Landesinneren erstrecken sich ausgedehnte Weiden in sattem Grün

dem Nimbus des Exotischen begannen Einzug zu halten und bereicherten das Land um zahlreiche botanische Attraktionen.

Bis heute gilt Cornwall als etwas ganz Besonderes. Man schätzt den unverwechselbaren, einmaligen Charakter des Landes im Südwesten und bewundert, was die Natur hier hervorbringt.

Weit über die Grenzen Englands hinaus ist Cornwall aber vor allem durch die Schriftstellerin Rosamunde Pilcher berühmt geworden, deren Romane in Millionen Lesern die Neugier auf die cornische Landschaft geweckt haben. Geboren in Lelant bei St. Ives, hat Rosamunde Pilcher, selbst eine begeisterte Gartenliebhaberin, in fast all ihren Büchern eindrucksvolle literarische Bilder ihrer Heimat gezeichnet. Und so ist Cornwall für viele Menschen das „Pilcher-Land" geworden.

1993 startete das ZDF seine große Pilcher-Verfilmungsreihe. Seitdem sind über dreißig an den Originalschauplätzen gedrehte Filme präsentiert worden, und viele werden noch folgen. Die schönsten Parks und Gärten Cornwalls standen und stehen auch künftig dabei im Mittelpunkt. Ihre Pracht, ihre Architektur und ihr Zauber können sich freilich nur dem vollständig erschließen, der die Welt der englischen Gärten mit offenen Augen betritt, ihre Geschichte und ihre Geheimnisse kennt.

In diese Welt möchte das vorliegende Buch den Leser entführen. Dabei dient eine interessante Einführung in die Geschichte des Gartens

Tropische Pflanzen: ein besonderer Reiz in vielen Gärten Cornwalls

Vollendete Gartenkunst

als Vorbereitung für unsere abwechslungsreichen Streifzüge durch große Parkanlagen und auch kleine Cottagegärten. „Cornwalls Gartenparadiese" wendet sich ebenso an jene, die eine Reise zu den traumhaften cornischen Gärten unternehmen wollen, als auch an Gartenliebhaber, denen wir in Wort und Bild Inspirationen für die Gestaltung ihres eigenen Gartens bieten. Und nicht zuletzt möchten wir alle Freunde der Rosamunde Pilcher-Filme dazu einladen, die Stimmung eines faszinierenden Teils dieser Welt auf den reich illustrierten Seiten zu genießen.

Eine Geschichte des Gartens

Eine Geschichte des Gartens

Wenn wir heute eine Gartenreise nach England unternehmen, fragen wir uns vielleicht, wie sich in diesem Land eine so großartige Tradition höchster Gartenkunst hat entwickeln können. Verschiedene Dinge haben wohl dazu beigetragen: das vom Golfstrom beeinflußte milde Klima; der Reichtum der Könige und der vielen adligen Familien, die die zahllosen wunderbaren Gartenanlagen in Auftrag gegeben und erhalten haben; schließlich die Geschichte des Landes, das weltweit Handel getrieben und viele Kolonien erworben hat und damit die Voraussetzungen dafür bot, daß Pflanzensammler in fernen Ländern nach unbekannten Gewächsen suchen konnten, um sie im Mutterland heimisch zu machen.

Viele Pflanzen, so auch Rosensorten, kamen aus fernen Ländern nach Europa.

Eine Geschichte des Gartens

Der Bestand an in Europa bekannten und zu den verschiedensten Zwecken angebauten Pflanzen ist im Lauf der Jahrhunderte immer größer geworden. Seit dem Altertum hat das Interesse an fremden Blumen und Früchten zu einem regen Austausch zwischen den Ländern und Kontinenten geführt, zunächst mit Afrika, dann auch mit Asien und – seit dem 16. Jahrhundert – mit den neuentdeckten Kontinenten. So haben die Kreuzfahrer zahlreiche neue Rosensorten mitgebracht; in der Mitte des 16. Jahrhunderts kommt aus dem Nahen Osten die Tulpe zu uns; im frühen 17. Jahrhundert aus dem nordamerikanischen Virginia die Robinie. Die Dahlie, aus Mexiko stammend und schon im 16. Jahrhundert von Europäern beschrieben, wird erst im frühen 19. Jahrhundert bei uns gezüchtet; gegen Ende des 18. Jahrhunderts wird die im Fernen Osten beliebte Chrysantheme bei uns bekannt. Diese Liste ließe sich bis ins Unendliche verlängern.

Seit dem 16. Jahrhundert gibt es darüber hinaus Pflanzensammler, die auf ihren Reisen unbekannte Arten suchen, um sie nach Hause zu bringen und dort zu vermehren. Zunächst waren diese Botaniker (Gärtner) und Forschungsreisende sowie Kaufleute, später Militärs und Beamte der Kolonialverwaltungen. Ab dem 18. Jahrhundert kann man geradezu von „Pflanzenjägern" sprechen, die keine Mühen und Gefahren scheuen, neue Kostbarkeiten aufzuspüren und bekannt zu machen.

Der Schachbrettgarten des Mittelalters

Die Geschichte der englischen Gartenkunst ist von der des europäischen Festlands nicht zu trennen. Ohne die Leistungen gerade der italienischen und französischen Architekten und Gärtner ist die Entwicklung in England nicht denkbar. Die Anfänge dieser Geschichte im Abendland haben ihre Wurzeln in Landschaftsschilderungen der antiken, besonders der römischen Literatur, die wiederum Gartenanlagen und Gartenkunst des Mittelalters tief beeinflußt haben. Das Wissen der antiken Kultur wurde nach dem Untergang des Römischen Reichs in den Klöstern aufbewahrt und mit ihm auch die Nachrichten und Kenntnisse von der antiken Gartenbaukunst. Durch das Beispiel der klösterlichen Praxis, das heißt durch die Klostergärten, wurden diese Kenntnisse und das Bild von einem schön und zweckmäßig angelegten Garten weiter vermittelt.

Das „Paradiesgärtlein" (um 1420): idealisierte Darstellung eines mittelalterlichen Gartens

In ganz Europa finden wir als Ort oder Hintergrund von bildlichen Darstellungen der Heilsgeschichte, von Szenen aus dem Leben der Heiligen oder auch aus den Erzählungen der höfischen Literatur bestimmte Gartentypen: den Paradiesgarten, den Rosengarten, den Baumgarten, den Obst- und Gemüsegarten, den Kräutergarten oder den Lust- und Liebesgarten. Auf vielen dieser Bilder sehen wir Mauern oder Hecken, die den Garten einfrieden; die Pflanzen stehen wohlgeordnet in rechteckigen oder quadratischen Beeten oder am Rande einer blühenden Wiese, wie zum Beispiel in dem berühmten um 1420 entstandenen „Paradiesgärtlein".

Mögen diese Darstellungen auch idealisiert oder stark stilisiert sein, so können wir aus ihren immer wiederkehrenden Motiven doch ungefähr ablesen, wie ein mittelalterlicher Garten ausgesehen haben mag. Der erträumte oder sicher auch immer wieder in der Realität angelegte Garten war für die Menschen des Mittelalters oftmals der „hortus conclusus", der von einer Mauer umschlossene, eingefriedete Garten. In

Eine Geschichte des Gartens

einer Zeit, in der riesige, undurchdringliche Wälder, wenige, unsichere Straßen und kleine, weit voneinander entfernt liegende, dem noch unwirtlichen Land durch Rodung abgerungene Siedlungen das Bild bestimmten, war das, was wir heute in einem ganz anderen Sinn „Natur" nennen, etwas Unheimliches und Angsterregendes, vor dem es sich zu schützen galt. Und so schuf man sich mit dem Garten ein Stück gebändigter „Natur", ein Refugium, einen Bezirk des Geordneten und Schönen. Hier konnte man in Ruhe, vor scharfen Winden und wilden Tieren geschützt, seine Pflanzen, nicht zuletzt seine Blumen, ziehen.

Die abgebildete Rekonstruktion soll uns das Organisationsschema

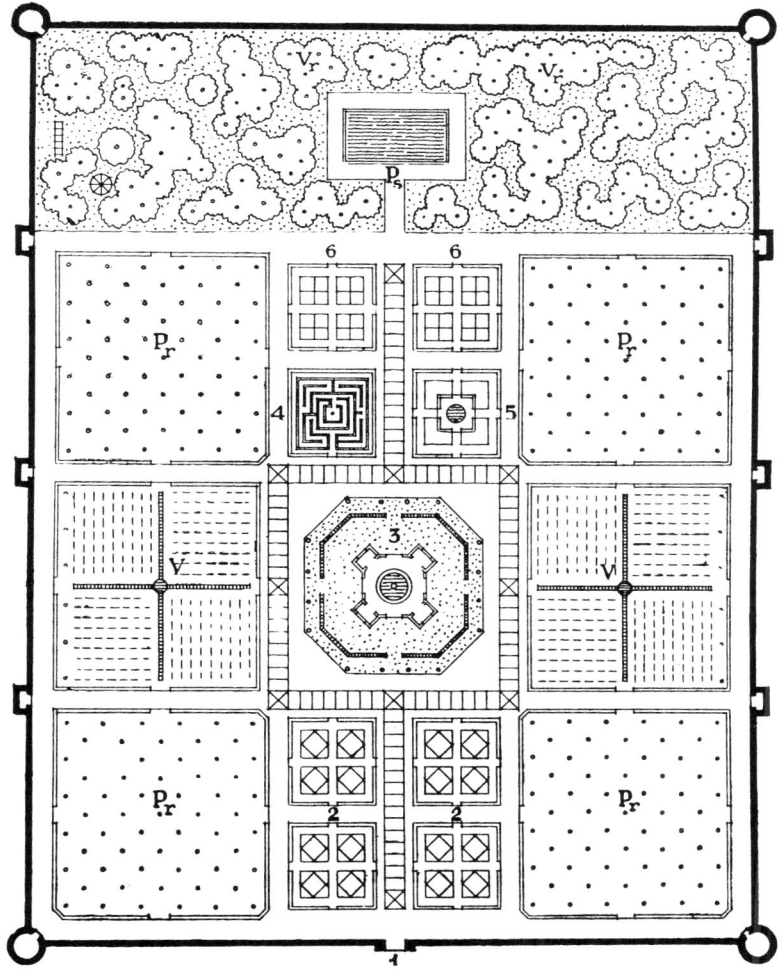

Rekonstruktion einer Gartenanlage aus dem Mittelalter

19

eines mittelalterlichen Gartens veranschaulichen. Dieser ist von einer Mauer oder einem Zaun umgeben und formal gestaltet, d.h. in symmetrischen Mustern in vorwiegend quadratischen Formen angelegt. In der Mitte befindet sich ein Brunnen, am Ende das „viridarium" (Lustgarten), jener Gartenteil also, der allein der Erholung, dem beschaulichen Umhergehen dient. Nach antikem Vorbild weist er einen Fischteich auf und ist mit immergrünen Bäumen wie Kiefern, Zypressen, Lorbeer und Oliven bepflanzt, die in der Hitze des Sommers erfrischende Kühle gewähren. Die quadratischen Beete am Eingang sind mit Blumen und blühenden Sträuchern bepflanzt – Rosen, Veilchen, Lilien, Hyazinthen, Jasmin, Flieder –, in den Beeten hinter dem Brunnen wachsen die wichtigsten Kräuter wie Minze, Salbei, Rosmarin, Thymian und Basilikum. Dazu kommt ein wiederum quadratisch geformter Garten mit Badepavillon und einem Labyrinth, wie es uns ebenfalls aus der Antike bekannt ist. Den weitaus größten Teil der Anlage bilden jedoch der Obst- und der Gemüsegarten. Auch sie sind in quadratischen Feldern angelegt, die wie in den anderen Bereichen durch gerade Wege voneinander getrennt sind. Wir müssen uns den mittelalterlichen Garten also ähnlich wie ein Schachbrett gestaltet vorstellen, dessen Felder gut überschaubar und den kulturellen wie wirtschaftlichen Bedürfnissen der Zeit entsprechend verteilt und bemessen sind.

Bei dieser Rekonstruktion handelt es sich natürlich um einen idealen Garten, in dem die verschiedenen Gartentypen, wie sie das Mittelalter kannte, in ein Bild zusammengefaßt sind und dem vielleicht kein realer Garten der Zeit je genau entsprochen hat. Auch kennen wir manche Einzelheiten der damaligen Gartenkultur nur ungefähr. Wie zum Beispiel damals ein typischer Bauerngarten ausgesehen hat, wissen wir nicht, da solche Gärten aus begreiflichen Gründen nie näher in der Literatur beschrieben werden und uns aus denselben Gründen Abbildungen fehlen. Gut dokumentiert sind dagegen manche Formen des Hof- und des Klostergartens.

So besitzen wir einen genauen Plan von allen Anlagen des Klosters St. Gallen aus den Anfängen des 9. Jahrhunderts. Neben den verschiedenen Baulichkeiten, die für das mönchische Leben im engeren Sinn notwendig sind, verfügte es über nicht weniger als drei Gärten: den Küchengarten, den Obstgarten, der zugleich als Friedhof diente, und den Apotheker-, das heißt den Heilkräutergarten.

Im Apothekergarten wurden Kräuter wie Minzen, Rosmarin, Raute,

Eine Geschichte des Gartens

Kressen, aber auch verschiedene Blumen gezogen. Unter diesen durften Rosen und Lilien niemals fehlen, da sie nicht nur wegen ihres Symbolcharakters, sonder auch wegen ihrer Heilwirkung geschätzt wurden. Einen eigenen Blumengarten gab es also nicht; man kann aber sicher annehmen, daß auch einige Blumen für den Schmuck des Altars gezogen wurden.

Der Obstgarten von St. Gallen war in dreizehn bebaubare Flächen unterteilt. Der Gemüsegarten bestand aus zwei Reihen rechteckiger Beete, in denen uns wohlvertraute Gewächse wie Kohl, Lauch, Fenchel und Zwiebeln, aber auch Würzkräuter wie Petersilie, Kerbel und Dill für die Küche gezogen wurden.

Die Anlage und Pflege des Gartens war den Mönchen vorbehalten. Ihnen verdanken wir übrigens auch die Einführung und Verbreitung südländischer Gewächse in unser Klima, die Verbesserung der Obst- und Gemüsesorten und ganz allgemein, wie schon erwähnt, die Vermittlung gartenbaulicher Kenntnisse und Techniken. Auch der Heilkräuter- oder Apothekergarten ist eine Einrichtung der Klöster, da diese die ärztlichen Versorgungszentren darstellten und nicht nur für ihre Mitbrüder, sondern auch für die Menschen des Umlandes die wichtigsten Heilmittel bereithalten mußten.

Zusammenfassend läßt sich also sagen, daß es sich bei dem Klostergarten in erster Linie um einen Nutzgarten handelte. Das ästhetische Moment spielte bei seiner Anlage und bei der Auswahl der hier zu ziehenden Pflanzen eine untergeordnete Rolle. Trotzdem bedeutet aber dieser Typus einen wichtigen Entwicklungsschritt in der Geschichte des europäischen Gartens und sicher auch ein Modell für spätere, besonders bäuerliche Gartenanlagen.

Der italienische Renaissancegarten

Mit dem ausgehenden Mittelalter und dem Beginn der Renaissance wenden wir unseren Blick nach Italien, weil von diesem Land die entscheidenden Impulse für die Geschichte ausgehen, die uns hier interessiert: die Geschichte des schönen, als Kunstwerk gestalteten Gartens. Dabei ist zu bedenken, daß sich das Aussehen der Landschaft seit dem Mittelalter entscheidend gewandelt hat. Die Bevölkerung war stark angewachsen, die Städte waren zahlreicher und größer geworden, mehr

Der Traum vom Leben auf dem Land: Villa in einem italienischen Renaissancegarten

und sicherere Straßen erlaubten im Laufe der Zeit einen Handelsverkehr quer durch ganz Europa. Durch immer größere Rodungen, durch die Zunahme des Ackerbaus und der Viehwirtschaft war aus der einst feindlichen, unheimlichen „Natur"umgebung der Siedlungen allmählich eine überschaubare, wirtliche Kulturlandschaft geworden, und im Zug dieser geschichtlichen Entwicklung entsteht auch ein neues Naturgefühl. Man muß und will sich nicht mehr zurückziehen und gegen sein Umland durch Mauern sichern. Der Garten als eingefriedeter Bezirk, der isolierte „hortus conclusus" verliert als Ideal seine Kraft und seinen Vorbildcharakter. Die Mauern fallen, das Wohnhaus öffnet sich zum Garten, und der Garten bietet Ausblick in die ihn umgebende Landschaft.

Die Pflanzen selbst in ihrer Gestalt und Schönheit werden jetzt – neben ihrem Wert als Nutz- und Heilgewächse – Gegenstand der Betrachtung und der vergleichenden Untersuchung. Mitte des 16. Jahrhunderts entstehen in Pisa und Padua die ersten Botanischen Gärten, die gleichzeitig noch der Ausbildung von Studenten in der Arzneimittellehre dienen. Auch die Villengärten haben oft ähnlich reiche Sammlungen aufzuweisen. Der erste Botanische Garten in England wird im Jahr 1621 in Oxford gegründet.

In Italien entsteht zu dieser Zeit die „Villa", die die weitere Geschichte der europäischen Gartenkunst entscheidend prägen wird. In der Villa verwirklichen sich reiche Bürger, Adlige und Kirchenmänner den Traum vom schönen ländlichen Leben in der Natur als Gegenbild zur städtischen Existenz des Ehrgeizes, des Machtstrebens, der Jagd nach dem Geld. „Villa" bedeutet hier nicht nur Herrenhaus, vielmehr handelt es sich oft auch um ein Landgut nahe der Stadt mit Wirtschaftsgebäuden, Weinkeller, Ölpressen, Feldern und natürlich einem Garten. In ihm konnte man, umgeben von schöner Landschaft, in guter Luft den Sommer verbringen, studieren und sich von selbstgezogenen Produkten ernähren.

Zu dem Traum vom Leben auf dem Land gehörte aber auch das kulturelle Leben, und so wurden die Villen zu Zentren der geistigen, künstlerischen Erneuerung. Die großen Herren engagierten die berühmten Architekten ihrer Zeit wie Brunelleschi, Michelangelo und Palladio und ließen sich von ihnen ihre Landhäuser erbauen. Deren Entwürfe galten nicht nur dem Haus, sondern zugleich dem Garten, da beides zu einer Einheit verbunden werden sollte. Haus und Garten als Gesamtkunstwerk, das wurde das Ideal der italienischen Gartenkunst. Und so entstand denn der architektonische Garten, dessen Grundzüge die Antike und das Mittelalter vorgebildet hatten.

Der Garten wurde jetzt zum Spiegelbild des Hauses, das heißt, er erhielt einen geometrischen Grundriß mit Haupt- und Nebenachsen, die die einzelnen Gartenräume miteinander verbanden. Kunstvoll beschnittene immergrüne Hecken, überwachsene Laubengänge und Mauern dienten als Trennwände. Unter Ausnutzung der Reize der Perspektive wurden Blickschneisen geschaffen, die die Sicht auf Gartenornamente wie Statuen, Steinvasen und Brunnen oder auch in die umgebende freie Landschaft gewährten, denn die Natur sollte Haus und Garten als malerische Kulisse dienen.

Die Grundelemente Blumengarten, Obstgarten und der meist aus immergrünen Pflanzen gebildete Hain wurden mit unendlicher Phantasie immer aufs neue in ihrer Anordnung und Gestalt variiert. Auch der „giardino segreto", ein kleiner ummauerter Bereich, häufig durch einen Laubengang mit der Villa verbunden, durfte nicht fehlen. In ihm zog der Villenbesitzer seine exotischen Lieblingspflanzen, hier standen Terrakottatöpfe mit Kräutern und Blumen wie Veilchen, Majoran und Basilikum. Auch auf den Stufen der großen Treppen des Gartens standen Terrakottatöpfe, bepflanzt mit kunstvoll beschnittenen immergrünen Pflanzen.

Die Blumenbeete der italienischen Gärten sind in der Frührenaissance wohl den Knotenbeeten sehr ähnlich gewesen, die man schon im England des 15. Jahrhunderts kannte. Unter „Knotengarten" versteht man eine Anlage in Mustern aus einander überschneidenden Bändern, etwa bestehend aus Kräutern wie Ysop, Gamander oder Thymian, und diese Muster umschließen unterschiedlich gefüllte Felder. Man unterschied das offene Knotenbeet, gefüllt mit totem Material wie Sand oder

Kunstvoll gestaltete „Parterres" wie diese in Lanhydrock bei Bodmin haben sich von Frankreich aus in die Schloßgärten ganz Europas verbreitet.

Kohlenstaub, von dem geschlossenen Knotenbeet, dessen Felder mit Blumen geschmückt waren. Auf jeden Fall sieht man, daß diese Anlageform auf eine geometrische Bild- und Farbwirkung hin erfunden ist.

Die Knotengärten sind die Vorläufer des barocken „Parterre" gewesen („Parterre" bedeutet „Blumenbeet"), des kunstvoll – wie „mit Stickerei" – gestalteten „parterre de broderie". Diese Parterres haben sich dann von Frankreich aus in die Schloßgärten von ganz Europa verbreitet.

Die Knotenbeete begegnen uns später unter dem Namen „parterres de pièces coupeés pour des fleurs" in den großen Barockanlagen, wo sie entweder mit einer einzigen Blumenspezies in nur einer Farbe oder mit einer Mischung verschiedener Spezies in unterschiedlichen Farben bepflanzt waren. Nicht einzelne Pflanzen sollten zur Schau gestellt werden, sondern die Blütenpracht als farbiges Bild mit reicher Musterung.

Diese großen formalen Anlagen entstanden zunächst in Frankreich, später in Deutschland, Holland und England unter dem Einfluß des italienischen Renaissancegartens. Sie nahmen die Grundzüge der italienischen Pläne auf, wandelten sie aber, Land für Land, mit immer anderen eigenen Stilelementen ab.

Die barocke Gartengestaltung

Der Wandel vom Renaissance- zum Barockgarten vollzieht sich ganz allmählich. Die strenge formale Ordnung rund um das Haus bleibt bestehen, aber die architektonischen Elemente gehen mit zunehmender Entfernung vom Haus immer mehr verloren. Der Übergang vom Garten in die umgebende Landschaft wird fließend.

Im 17. Jahrhundert wird Frankreich unter der Herrschaft Ludwigs XIV. zum führenden Gartenland Europas. Schon im 16. Jahrhundert hatte sich in Italien die Tendenz angekündigt, daß der Villengarten als gärtnerisch meisterhaft gestaltete Anlage immer weniger interessierte, daß er vielmehr als Theaterbühne, Schatzkammer seltener Pflanzen und Szenerie für höfische Festlichkeiten dienen sollte. Diese Idee fiel in Frankreich auf fruchtbaren Boden. Ludwig XIV. ließ sich von dem großen Gartenarchitekten Le Nôtre Versailles entwerfen, eine riesige Garten- und Parkanlage, die ihm zur Repräsentation seiner Macht dienen sollte. Versailles wurde zum Modell barocker Gestaltung schlechthin. Alle Herrscher Europas ließen sich von ihm betören, überall entstanden kleinere oder größere Imitationen des großen Vorbilds.

In Versailles finden wir alle Elemente des Renaissancegartens wieder, nur eben in abgewandelter Form und in viel größeren Dimensionen. 1661 begann Le Nôtre mit der Planung der riesigen Anlage. Nach italienischem Vorbild schuf er zunächst ein großes Achsenkreuz, das genau nach den Himmelsrichtungen ausgerichtet war. Die Hauptachse

Der 1661 entworfene Park von Versailles ist das Musterbeispiel des formalen französischen Gartens.

wies nach Westen, und von der *Grande Galerie* des Schlosses aus blickte man über das Blumenbeet mit einer Latona-Statue, die *Allée royale*, eine von einer Baumallee gesäumte rechteckige Rasenfläche, bis zu dem Brunnen des Apoll und über den dahinter liegenden Kanal hinaus in die Landschaft, und man konnte am Horizont die Sonne untergehen sehen. Nach Norden schützte Le Nôtre die Gärten vor den kalten Winden mit einer Weißbuchenpalisade, die unmittelbar an die Mauern des Palasts anschloß und so eine Verlängerung dieser Mauern darstellte. Die nach Süden ausgerichtete Achse gab den Blick frei auf die Sommersonne, hinweg über die Terrasse der Orangerie bis hin zu den Hügeln von Satory.

Da es in der Gegend von Versailles kein Wasser gab, dieses als schmückendes und belebendes Element aber im Garten nicht fehlen durfte, mußte man es von woanders her an die gewünschte Stelle leiten – ein Problem, an dem Ludwig XIV. seine Pläne nicht scheitern zu lassen gedachte. Im Jahr 1680 ließ er in Bougival eine riesige Pumpe, die „Machine de Marly", bauen, die etwa 5000 Kubikmeter Wasser täglich auf eine Höhe von 162 Metern in das Aquädukt von Marly brachte. Vierzehnhundert Fontänen wurden von ihr gespeist, wobei die dem Schloß am nächsten gelegenen fast den ganzen Tag über in Betrieb gehalten wurden, während den weiter entfernt liegenden das Wasser rationiert wurde. Natürlich war aber gewährleistet, daß die Fontänen über all da zu springen begannen, wo sich der König hinbegab.

Unmittelbar vor und an den Seiten des Schlosses legte Le Nôtre große flache Beete mit eleganten Mustern aus Buchsbaum an – die schon erwähnten „Parterres de broderie" –, die mit farbigem Kies ausgefüllt und von beschnittenen Hecken eingerahmt wurden. Sie waren nicht zuletzt dazu bestimmt, von der *Bel Etage* der *Grande Galerie*, also von oben aus betrachtet und so als Gesamtbild wahrgenommen zu werden. Zugleich stellte dieser streng gestaltete („formale") Bereich das notwendige Bindeglied dar zwischen der Architektur der Fassade und den sich an die Parterres anschließenden Bosketts.

Unter Boskett versteht man dichte, in exakte geometrische Formen geschnittene Hecken oder Bäume, die grüne Wände bilden und damit größere oder kleinere Räume entstehen lassen. Solche Boskets erfreuen sich von der Mitte des 17. bis zu der Mitte des 18. Jahrhunderts großer Beliebtheit. Wir finden sie in allen Gärten dieser Zeit, in immer neuen kunstvollen Variationen – sie bilden Labyrinthe oder umschließen Rasenflächen oder sind mit Wasserbecken, Fontänen und Obelisken ausgestattet. Hinter diesen Boskets erstreckt sich der Park mit einem Netzwerk von einander kreuzenden Alleen, und wieder dahinter beginnt in sanftem Übergang die freie Natur.

Einige der Parterres wurden jedes Jahr mit Sommerblumen bepflanzt; sonst gab es in der Parkanlage von Versailles keine Blumen. Da Ludwig XIV. aber ein großer Blumenliebhaber war, ließ er sich an seiner Privatresidenz, dem *Grand Trianon*, einen Blumengarten anlegen. Auch hier versuchte er, sich die Natur untertan zu machen, indem er Orangenbäume nicht in Kübeln, sondern im Boden ziehen ließ. Im Winter mußten sie dann mit einem Kalthaus überdacht werden.

Den Gedanken, daß der Mensch die Natur beherrschen könne, hat Ludwig XIV. mit Versailles auf die Spitze getrieben. Die einzelne Pflanze in ihrer individuellen Schönheit trat immer mehr in den Hintergrund und diente nur noch, in Form geschnitten, als Statist für das königliche Theater.

Eine Geschichte des Gartens

Der englische Landschaftsgarten des 18. Jahrhunderts

Die Entwicklung der europäischen Gartengeschichte ist vom Mittelalter bis zum Barock natürlich nicht so ungebrochen und geradlinig verlaufen, wie sie hier zum Zweck der Deutlichkeit des Wichtigen beschrieben wurde. Eine grundlegende und weithin folgenreiche Wende setzt aber erst mit der Zeit der Aufklärung ein. Schon zu Beginn des 18. Jahrhunderts wurden in England Stimmen laut, die einen Bruch mit dem herr-

Zu Beginn des 18. Jahrhunderts entsteht ein neuer Gartenstil: der englische Landschaftsgarten.

schenden Formalismus erkennen ließen und schließlich zu einem ganz neuen Gartenstil geführt haben, dem englischen Landschaftsgarten. Er ist in Europa, nicht ganz zu Recht, aber jedem geläufig, zum Begriff für den „englischen" Garten überhaupt geworden und hat überall seine Nachfolger gefunden.

So wandte sich etwa Joseph Addison, der mit seinem und Richard Steeles *Spectator* zu den Begründern der kulturell und gesellschaftlich meinungsbildenden Zeitschriften in Europa gehört, 1712 gegen die herrschende Gartenmode der Zeit: „Unsere britischen Gärtner haben ihre Freude daran, sich so weit wie möglich von der Natur zu entfernen, anstatt sich von ihr anregen zu lassen ... Ich weiß nicht, ob ich mit meiner Ansicht alleine stehe, aber für meinen Teil betrachte ich lieber einen Baum in aller seiner Pracht und Ausbreitung der Äste und Zweige, als einen, den man in geometrische Figuren beschnitten und getrimmt hat. Ich kann mir auch gut vorstellen, daß ein blühender Gemüsegarten unendlich mehr Freude bereiten könnte als die kleinen Labyrinthe vollendet gestalteter Parterres."

Um seine Vorstellungen noch weiter zu verdeutlichen, rief er die (Garten-)Architekten seiner Zeit auf, sich doch an der Landschaftsmalerei der Epoche, an den Gemälden von Claude Lorrain oder Nicolas Poussin, zu orientieren. Ihre mit klassischen Gestalten und Bauten belebten und gezierten Landschaften sollten als Vorbilder bei der künstlerischen Gestaltung neuer Park- und Gartenanlagen dienen. Die Pastorale, der poetische Traum von einer ländlichen Natur, in der es sich einfach, heiter und besinnlich leben läßt, sollte zum Leitbild einer neuen Landschaftsgärtnerei werden.

Ziel dieses Konzepts war die Verherrlichung der freien, nicht in fremde Formen gezwängten Natur, und in sie sollte der Mensch eintauchen, um von den Leiden einer übermächtigen Zivilisation geheilt zu werden, sich selbst und seine innere Freiheit wiederzufinden und dem Göttlichen zu begegnen.

Ein neues Naturgefühl erwachte. Jeder Eingriff in das natürliche Wachsen wurde abgelehnt, die Natur sollte in ihrer eigenen Entfaltung einfühlsam nachgeahmt werden. Hatte man den Garten bisher als die architektonische Fortsetzung, also als eine Erweiterung des Hauses betrachtet, so sollte jetzt umgekehrt die Natur die Bestimmende sein und ihrerseits bis an die Schwelle des Hauses herangerückt werden.

Der Garten sollte so angelegt werden, wie man das Gelände vorfand oder als Ideal sah: mit leichten Hügeln, ohne schroffe Brüche oder gerade Linien. Die Haupt- und Nebenachsen, die den französischen Garten in einzelne Räume unterteilten, waren in dem neuen Stil verpönt. Die Wege sollten sich „ganz natürlich" durch die Landschaft schlängeln. Die Serpentine wurde geradezu als „Schönheitslinie" bezeichnet. Da nur noch fließende Übergänge erwünscht waren, paßten Treppen, Terrassen, Rampenanlagen, wie sie früher zur Gliederung der Gartenräume unentbehrlich schienen, nicht mehr ins Bild.

Auch Wasserspiele kamen nicht mehr in Frage. Sie galten jetzt als störende Zeichen des Eingriffs der menschlichen Hand in die Natur. Selbstverständlich durfte aber auch im Landschaftsgarten das Element Wasser nicht fehlen. Nur liebte man jetzt statt Fontänen, Brunnen oder geometrischen Wasserbecken den frei dahinfließenden, nicht kanalisierten Bach und den See mit seinen unregelmäßigen Ufern. Die Unregelmäßigkeit wurde überhaupt zu einem der obersten Gesetze der Landschaftsgärtnerei.

An die Stelle der Parterres traten nun gleichmäßige, nicht scharf begrenzte Rasenflächen, die möglichst bis an das Haus heranreichen sollten. Gestaltungsformen wie das Labyrinth, beschnittene Hecken, gar Mauern waren verpönt. Alles Begrenzende mußte fallen, da es den Blick gehindert hätte, frei in die den Garten umgebende Landschaft zu schweifen. Das angrenzende Land sollte nicht draußen bleiben, vielmehr sich in unmerklichem Übergang mit dem Garten verbinden.

Diesem Zweck diente auch die Einführung eines hochbedeutenden Gestaltungselements, das Ende des 17. Jahrhunderts aus Frankreich nach England gelangt war, des sogenannten Ha-Ha. Das sind in Gräben versenkte Zäune oder Kanäle, die die Grenze zwischen dem Garten und der freien Landschaft (etwa für weidende Tiere) herstellen, für das Auge aber unsichtbar bleiben und so den gewünschten Fernblick nicht beeinträchtigen.

Viele Landschaftsgärtner der damaligen Zeit bedienten sich dieser ebenso einfachen wie raffinierten Methode, Garten und Landschaft harmonisch miteinander zu verbinden. So auch so einflußreiche englische Gartenschöpfer wie Charles Bridgeman, William Kent und „Capability" Brown. In Bridgemans Gartenplänen machte sich zuerst die Abkehr vom Formalismus der älteren Zeit bemerkbar, die nach und nach zu einem regelrechten Umbruch in der Gartenkunst Englands geführt hat. Bridgeman, gestorben 1738, verwendete als erster den Ha-Ha in seinen Gartenplänen und inspirierte die Zeitgenossen mit seinen neuen Ideen. Er gestaltete seine Gärten zunächst noch auf konventionelle Weise mit geradlinigen Wegen und säuberlich beschnittenen Hecken. Später führte er dann aber gewundene Wege und ganz natürlich erscheinende Baumgruppen ein.

Im 18. Jahrhundert spielten klassische Architekturelemente wie Tempel oder Säulen eine große Rolle.

Seine Ideale hat William Kent weiterentwickelt. In Rousham (Oxfordshire) übernahm er ein von Bridgeman begonnenes Projekt und stattete es mit sorgfältig angelegten Landschaftsszenen aus, die man, wenn man einen bestimmten Weg entlangging, bewundern konnte. Bei einem Aufenthalt in Italien lernte er die Gemälde Claude Lorrains und Nicolas Poussins kennen und besonders ihre idealisierten Darstellungen der Gegend um Tivoli, auf denen häufig klassische Tempelbauten zu sehen sind. Kent war von diesen Bildern so beeindruckt, daß er sie in seinen Gärten nachempfinden wollte. So durften klassische Bauten und Bauelemente wie Tempel oder Säulen bei seinen Planungen niemals fehlen, und er verstand es mit großem Geschick, sie als Blickfang oder als Aussichtspunkt in seine Anlagen zu integrieren.

Man darf es nicht als ein Paradox ansehen, daß eine Gartenkunst, die den Menschen in unmittelbaren Kontakt mit naturwüchsiger Landschaft bringen wollte, klassischen Architekturelementen (und auch Rui-

Eine Geschichte des Gartens

nen oder Grotten) eine so wichtige Rolle in ihren Planungen zuweist. Der Grund ist nicht so sehr das erwähnte Vorbild der großen Malerei des 17. Jahrhunderts, sondern in erster Linie der Wille, die Stimmungen des religiösen Gefühls und der melancholischen Betrachtung zu betonen, die sich für diese Zeit mit dem Anblick der freien Natur verbinden.

Lancelot „Capability" Brown (1716–1783) kann man ohne Frage als den einflußreichsten Landschaftsarchitekten des 18. Jahrhunderts bezeichnen. Er entwickelte den englischen Landschaftsstil weiter, orientierte sich aber nicht mehr so sehr an der genannten Malerei wie Kent, sondern ging in seinen Planungen unmittelbar von den Elementen aus, die die Landschaft ihm darbot, und sah es als sein Ziel an, diese zu einem harmonischen Ganzen zusammenzufügen. Er sprach von den „capabilities", den „Möglichkeiten" des Geländes, die dieses in sich selbst trage und die es nur herauszuarbeiten gelte, wenn es als Ort eines Gartens oder Parks ausersehen werde. Daher sein Beiname „Capability", mit dem er in die Geschichte der Gartenkunst eingegangen ist.

In den letzten dreißig Jahren seines Lebens war Brown ohne nennenswerte Rivalen auf seinem Gebiet. Er veränderte während dieser Zeit die Gartenlandschaft Englands in großem Maße. So propagierte er auf der einen Seite die einfühlsame Ausnutzung der natürlichen Gegebenheiten, so daß viele seiner Arbeiten wie von selbst aus der Landschaft entstanden zu sein scheinen, griff aber auf der anderen Seite mit dem herrischen Anspruch des Neuerers oft massiv in vorhandene Anlagen ein, was die Gegner des Landschaftsgartens scharf kritisierten. Es läßt sich nicht leugnen, daß viele schöne formale Gartenanlagen der älteren Zeit seiner Tätigkeit zum Opfer gefallen sind.

Für die Gestaltung empfahl Brown, das Augenmerk auf schattenspendende Bäume und auf duftende Sträucher zu richten. Die Beachtung solchen Details würde dazu führen, daß der Garten „genau auf seinen Besitzer und zugleich auf den Dichter und den Maler" zugeschnitten wäre. Auch umgab er seine Gärten gern mit einem Waldgürtel, um hinter den Bäumen die Grenzen des Grundstücks oder auch häßliche Ausblicke zu verbergen. Alle sehenswerten Details legte er dagegen mit Hilfe wohlberechneter Durchblicke frei.

Wie immer in der Gartengeschichte war auch in Browns Garten das Wasser ein wichtiges Element. Meist legte er in der Mitte des Grundstücks einen See an. Um einen Eindruck von größeren Dimensionen zu erzielen, führte er eine Brücke oder ein anderes Bauelement über das

Wasser. Die unregelmäßig verlaufenden Ufer ließ er unbepflanzt, so daß sich der Rasen bis an das Wasser hinziehen konnte.

Das wichtigste Moment seiner Konzeption vom Garten war die Überraschung – der Besucher, der durch den Garten wanderte, sollte immer wieder an Stellen kommen, an denen sich ihm unerwartete Ausblicke auf andere Gartenräume oder auf bisher nicht wahrgenommene Elemente wie Seen, Tempel, Statuen, spektakuläre Bäume und Baumgruppen oder Durchblicke in die umgebende freie Landschaft auftaten.

Auf dem Weg zum Gartenstil der Moderne

Jede Kunstform, die einmal zu ihrer höchsten Vollkommenheit gelangt ist und alle ihre Möglichkeiten gezeigt hat, verliert schließlich ihre Kraft der Erneuerung. Sie wird allzu vertraut, und es meldet sich die Sehnsucht nach einem Anderen, Neuen. So hat auch der englische Landschaftsgarten gegen Ende des 18. Jahrhunderts seinen Zenith erreicht, und wie zu erwarten, erwachten neue Ideen, und ein Wandel des Geschmacks begann sich abzuzeichnen.

Humphrey Repton (1752–1818), einen großen Gartenarchitekten und ebenbürtigen Nachfolger „Capability" Browns, kann man als den Wegbereiter dieses Geschmackswandels bezeichnen. Er entwickelte einerseits den Brownschen Landschaftsgarten weiter, griff auf der anderen Seite aber massiv in seine Konzeption ein, indem er den Rasen nicht mehr an das Haus heranreichen ließ, sondern wieder architektonische Elemente wie Terrassen, Treppen, Balustraden, Gitterwerk und Brunnen einführte, die uns aus den Zeiten des Renaissancestils vertraut sind. Mit dieser Rückbesinnung auf ältere Formen der Gartengestaltung begründet er die Tradition des neuen formalen Gartenstils, der dann im architektonischen Garten des 20. Jahrhunderts zu höchster Vollkommenheit gelangen sollte.

Repton bepflanzte seine Gärten auch mit exotischen Gewächsen und tat damit etwas, was im klassischen Landschaftsgarten mit seiner unbedingten Bindung an die heimische Natürlichkeit selbstverständlich verpönt war. Auch verwendete er wieder mehr Blumen, um den Garten farbiger zu gestalten.

Das Interesse am Blumengarten wurde im 19. Jahrhundert in England immer größer, da man die vielen farbenprächtigen exotischen Gewächse, die „Pflanzenjäger" von ihren Reisen mitbrachten, auch zu Hause wachsen sehen wollte. So kam, nicht zuletzt durch Repton, das Blumenbeet wieder in Mode, und es wurden darüber hinaus Glashäuser gebaut, um empfindliche Pflanzen ziehen und überwintern zu können.

Im Jahr 1804 ist von Gärtnern und Gartenfreunden die „Royal Horticultural Society", die Königliche Gesellschaft für den Gartenbau, gegründet worden, und im Lauf der Zeit hat sie sich zu einer der wichtigsten Institutionen für Gartenliebhaber in England und auch im Ausland entwickelt. Das Interesse an Gartendingen ist in England enorm groß und geht quer durch die gesamte Bevölkerung. Die R.H.S. kommt allen ihren Bedürfnissen nach Information über praktische Fragen, über alte und neue Pflanzen entgegen, sie veröffentlicht Handbücher sowie Zeitschriften und veranstaltet u.a. in London alljährlich die berühmte „Chelsea Flower Show".

Ein aus Schottland stammender Architekt, John Claudius Loudon, begründete 1832 *The Gardner's Magazine*, eine Gartenzeitschrift, die sehr einflußreich wurde und einen neuen Stil propagierte, den Loudon als „gardenesque", „gartenmäßig" bezeichnete. Der Garten sollte wieder als Garten, deutlich abgesetzt von seiner Umgebung, hervortreten, der Landschaftsgarten, der eine harmonische Einheit von Garten und umgebender Landschaft anstrebte, wurde abgelehnt. Statt dessen empfahl Loudon ein Stilgemisch aus formalen und naturnahen Elementen. Der gepflegte Zierrasen kam wieder in Mode – in dieser Zeit wurde auch der mechanische Rasenmäher erfunden –, und in ihn wurden mit einfachen Sommerblumen wie mit exotischen Pflanzen bestückte Zierbeete eingefügt. Die in bunten, mitunter grellen Farben gehaltenen „Teppichbeete" wurden zur Zeit Königin Victorias zu einem Lieblingskind der Gärtner, daher bezeichnet man diese Art der Bepflanzung auch als viktorianisch.

Der Enthusiasmus für diesen Stil wurde aber nicht von jedermann geteilt, so auch nicht von William Robinson (1838–1935). Robinson, ein begnadeter Gärtner, Pflanzenkenner und -sammler irischer Herkunft, auch er Begründer einer Gartenzeitschrift *(The Garden)* und Verfasser mehrerer Bücher, die zu Klassikern der Gartenliteratur geworden sind, nannte sich selbst einen „flower gardener": Dies zeigt, daß sein

Hier hat Robinson aus Kräutern und Stauden, abgestimmt auf die Steinplatten, eine wunderbare Farbharmonie geschaffen.

Hauptaugenmerk im Garten den Blumen galt. Auch ihn könnte man als einen Mann des Übergangs bezeichnen, da er noch vom Landschaftsgarten herkam, aber sein Denken und seine Praxis griffen so tief in die alten Vorstellungen ein, daß sie schließlich zum „formal garden", dem architektonisch streng gestalteten Garten des 20. Jahrhunderts, geführt haben.

Was war wegweisend an seinem Gartenstil? Bei den Gärten seiner Zeit tadelte er das Fehlen der reichen Wildflora Englands und der vielen ausdauernden, in aller Welt gesammelten und im Land heimisch gewordenen Rabattenpflanzen – sie sollten im Garten Platz finden statt der unnatürlich wirkenden einjährigen Sommerblumen. Mit einem heutigen Begriff könnte man Robinson sogar als einen ökologischen Gärtner bezeichnen. Exotische Pflanzen lehnte er keineswegs ab, nur sollten sie allein da hingesetzt werden, wo sie in die Umgebung paßten und gedeihen konnten. Er verwarf beschnittene Sträucher und glattgescho-

Die eigenen Formen einer Pflanze machen ihre Schönheit aus und müssen zur Geltung gebracht werden.

rene Rasenflächen. Statt dessen wünschte er sich eine „natürliche" Wiese mit Wildblumen, die allmählich in die umgebende Landschaft übergehen sollte.

Robinsons natürlicher, wir würden heute sagen, „naturnaher" Gartenstil bedeutete aber nicht, daß man die Pflanzen einfach frei wachsen lassen sollte. Künstlerische Gestaltung war ihm selbstverständlich. Für ihn mußte ein guter Gärtner auf der einen Seite umfassende Pflanzenkenntnis, auf der anderen genaues Verständnis für die künstlerische Zusammenstellung der Pflanzen besitzen. Geschmack, meinte er, bestehe im Befolgen der Naturgesetze. Man müsse hinsehen und erspüren, wie an einer bestimmten Stelle ein schönes Gartenbild entstehen könne. Wichtig sei dabei zuallererst, die eigenen Formen jeder Pflanze zu beachten – diese machten ihre Schönheit aus, sie mußten zur Geltung gebracht werden.

Was ihm an den damals üblichen Gärten mißfiel, war, daß sie nur im Sommer blühten. Man sollte auch Frühjahrs- und Herbstblüher, Stauden ebenso wie Zwiebelpflanzen, verwenden und damit auch den Wechsel der Jahreszeiten im Garten sichtbar machen.

Neu und wegweisend ist Robinson schließlich in seiner Farbgestaltung. In seinem Buch *The English Flower Garden* hat er diesem Thema ein ausführliches Kapitel gewidmet. Entsprechend dem Farbenkreis entwirft er darin für die Blüten in Verbindung mit Gräsern, Blattpflanzen und Mauertönen genaue Farbschemata. Starke Farbkontraste, überhaupt bunte Farben wie in den viktorianischen Teppichbeeten seien zu vermeiden. Er geht sparsam mit der Farbe um und empfiehlt nur sanfte Farbverbindungen. Auch zwischen Farbe und Standort stellt er eine Beziehung her: Den sonnigen Plätzen sind die warmen Farben vorbehalten, den schattigen dagegen die gebrochenen Farbtöne, ferner Blau, kaltes Weiß, zartes Gelb und frisches Grün.

Mit seinen Büchern hat Robinson die gedanklichen Grundlagen geschaffen für die vielen großartigen Staudengärten, die England zu dem Mekka der Gartenliebhaber gemacht haben.

In ihrem 1892 erschienenen Buch *The Formal Garden* wandten sich die Architekten Reginald Blomfield und Inigo Thomas vehement gegen Robinsons „Naturalismus". Ihr Werk liefert jetzt die theoretische Grundlage für den architektonischen Garten des 20. Jahrhunderts, der eine Erweiterung des Hauses darstellen und wie sein Spiegelbild aus einer Folge von Gartenräumen mit unterschiedlichen Funktionen bestehen sollte. Kurios ist dabei, daß sich mit Blomfield/Thomas und Robinson Männer bekämpften, denen die heftige Abneigung gegen den viktorianischen Garten gemeinsam war. Der Streit um den „natürlichen" oder „formalen" Garten formulierte sich letztlich in der Frage, wer bei der Gartengestaltung die entscheidende Rolle zu spielen habe – der Gärtner oder der Architekt. Die Autoren waren der Ansicht, Robinson habe den Pflanzen allzu große Bedeutung zugemessen und damit die erwünschte Einheit zwischen Haus und Garten gefährdet.

Dieser mehr scheinbare Widerspruch wurde zu Beginn unseres Jahrhunderts in der langen Zusammenarbeit der Malerin und Gärtnerin Gertrude Jekyll mit dem Architekten Edwin Lutyens auf das glücklichste aufgelöst. Lutyens schuf das architektonische Grundgerüst der gemeinsamen Gärten, Jekyll füllte mit den Augen der Malerin und mit unvergleichlicher Pflanzenkenntnis die streng gegliederten Gartenräume und ihre runden, rechteckigen oder quadratischen Beete mit einer überquellenden Fülle von Blumen und Gehölzen nach Robinsons Vorbild aus. Der moderne architektonische Garten war geboren, und jeder, der es sich leisten konnte, ließ sich zu Beginn des Jahrhunderts seinen Garten von den Partnern Lutyens – Jekyll anlegen.

Gertrude Jekylls größtes Verdienst besteht in der Einführung einer neuen Sehweise. In der Zeit ihrer Ausbildung an der Londoner School of Art verbrachte sie viele Stunden in der National Gallery vor den Bildern William Turners, und es besteht kaum ein Zweifel, daß dessen Art der Farbverwendung nachhaltig auf die ihrige eingewirkt hat.

1875 lernte Jekyll Robinson kennen, und sie wurde seine Mitarbeiterin bei *The Garden*. Sie teilte mit ihm die Liebe zu den Blumen, und ohne diese beiden Künstler hätte sich der für England typische Staudengarten niemals entwickelt. Nach Robinsons Vorbild verwendete Jekyll einheimische ebenso wie aus anderen Ländern gekommene Stauden und Zwiebelpflanzen und setzte sie wie auf einem Bild zu der schönsten Farbharmonie zusammen, wobei sie die vom Architekten geschaffenen Strukturen als „Bilderrahmen" benutzte.

In dem bekanntesten ihrer vierzehn Gartenbücher – sicher dem einflußreichsten des 20. Jahrhunderts –, *Colour Schemes of the Flower Garden* (Farbschemata im Blumengarten), heißt es in der Einleitung: „Wenn man Pflanzen unter den Händen hat, ist es sehr wichtig, sorgfältig prüfend und mit ganz bestimmten Vorstellungen mit ihnen umzugehen. Pflanzt man sie ungeordnet einfach an irgendeine Stelle im Garten, so ist das, als besäße man zwar einen Farbkasten vom besten Farbenhändler, hätte aber nur Proben dieser Farben auf seiner Palette verteilt. So etwas wird zu keinem Bild. Ich finde, daß wir unseren Gärten gegenüber die Pflicht haben, sie ständig zu verbessern. Das verlangt von uns, so mit ihnen umzugehen, daß sie schöne Bilder ergeben."

Charakteristisch für ihren Stil sind die nach Höhen und Tiefen gestaffelten Staudenrabatten, die sich in allen Variationen in den englischen Gärten unseres Jahrhunderts wiederfinden. Bei der Zusammenstellung der Stauden hielt sie sich streng an die Gesetzmäßigkeiten der Farbenlehre. An den Anfang und das Ende der Rabatte setzte sie mit Vorliebe Pflanzen in kühlen Farbtönen – Zitronengelb, Blau und Rosa –, griff dann allmählich zu wärmerem Gelb und vielleicht auch zu Rosttö-

Farbliche Harmonie gehört zu den obersten Prinzipien der Gartengestaltung.

nen, um in der Mitte endlich mit warmen, mitunter glühenden Rottönen den Höhepunkt zu erreichen.

Jekylls Erbe haben in erster Linie große Gärtnerinnen bewahrt, und jede von ihnen hat es auf ihre persönliche Weise fortentwickelt. Zuerst ist hier aus den 30er Jahren Victoria Sackville-West mit ihrem weltberühmten Garten in Sissinghurst (Kent) zu nennen, dann, in den 50er Jahren, Margery Fish mit ihrem Cottagegarten East Lambrook Manor (Somerset), schließlich die heute noch lebenden und arbeitenden Gartenfrauen Penelope Hobhouse mit Tintinhull House Garden (Somerset) und Rosemary Verey in Barnsley House (Gloucestershire).

Eine Geschichte des Gartens

Alle diese Frauen haben in Gertrude Jekylls Geist gearbeitet. Eine prachtvolle, gesunde Pflanzenfülle, eingefaßt von einem festen architektonischen Rahmen, ist der Grundgedanke ihrer Gestaltung. Das Wechselspiel von Ordnung und Fülle wiederholt sich in ihren Gärten in immer neuen Bildern von größter Schönheit. Der Gedanke von Blomfield und Thomas, der Garten müsse wie ein Spiegelbild des Hauses aus einzelnen miteinander verbundenen Räumen bestehen, ist hier das gestalterische Grundprinzip. Jeder Gartenraum hat ein eigenes Thema: der in einem einzigen Farbton gehaltene Raum – man denke an den weißen Garten in Sissinghurst, für den Victoria Sackville-West nur Weiß-, Grau- und Grüntöne verwendete –, der ländlich heitere Cottagegarten – ihm wird hier ein eigenes Kapitel gewidmet sein –, der Küchen- und der Kräutergarten, der Rosengarten, der Teichgarten oder der von einer Hecke umgebene grüne Garten, in dem das Auge von den vielen verschiedenen Eindrücken ausruhen kann.

Das Grundprinzip bleibt immer die Verbindung von strenger und freier Gestaltung, von architektonischem Plan und Pflanzenfülle. Dabei reicht die Skala von der scheinbaren Natürlichkeit Robinsons über die genau kalkulierten Farb- und Formenspiele bei Jekyll bis hin zu der fast morbiden Raffinesse des weißen Gartens von Sackville-West.

Der Variationen sind unzählige, und der Gartenfreund wird nicht müde, immer wieder nach England aufzubrechen, um sie in immer neuen Gärten zu betrachten, zu bewundern und von ihnen zu lernen.

Der weiße Garten der Schriftstellerin und
leidenschaftlichen Gärtnerin Vita Sackville-West in Sissinghurst

Traumhafte Parks in Cornwall

MOUNT EDGCUMBE HOUSE & COUNTRY PARK

Am Ufer des Tamar, gegenüber der alten Seefahrerstadt Plymouth, erhebt sich auf einem Hügel der alte herrschaftliche Landsitz Mount Edgcumbe mit seinen vier zinnenbewehrten Türmen. Er liegt inmitten eines Parks, der zweifellos zu den eindrucksvollsten in Cornwall gehört. Weite und Großzügigkeit bestimmen sein Erscheinungsbild, und dank seiner Lage am Plymouth Sound, der großen Bucht an der Südküste Cornwalls, kommt er in den Genuß eines milden Klimas.

Es empfiehlt sich, den Park nicht oben am Berg durch den offiziellen Haupteingang zu betreten, sondern unten im Tal am Wasser, dort, wo die kleine Fußgänger-Fähre *(Cremyll Ferry)* anlegt und Besucher von Plymouth herüberbringt. Es riecht nach Hafen, Meer, Seetang, und die Wasservögel auf dem Tamar lassen reiche Fischgründe ahnen.

Sobald man durch das riesige Tor auf das Parkgelände gelangt ist, lenkt die Architektur des Parks den Blick nach oben zum Gipfel des Hügels. Eine breite, mehrere hundert Meter lange Schneise aus feinstem englischem Rasen – genannt *The Avenue* – führt zum Mount Edgcumbe House hinauf. Dieses beeindruckende Entree läßt einen auch bei langen Spaziergängen nie vergessen, wo sich das Zentrum der Anlage befindet.

Der Mount Edgcumbe Park ist die älteste landschaftlich gestaltete Anlage in Cornwall, zu der mehrere Gärten gehören. Um einen Eindruck von der Unterschiedlichkeit dieser Gärten zu gewinnen, sollte man sich zunächst links halten und vorbei an der *Orangery*, die heute ein Restaurant beherbergt, die *Formal Gardens* besuchen.

In diesem Bereich wurde Ende des 18. Jahrhunderts als erstes ein Englischer Garten angelegt, um hier inmitten des damals noch recht wilden Waldes die Landschaft Englands im Kleinen auf natürliche Weise nachzuahmen. Es folgten der Französische sowie der Italienische Garten, später dann zwei Gärten in amerikanischem und neuseeländischem Stil.

Ob nun die geometrischen Blumenbeete des Französischen Gartens oder der romantisch-verwunschene Italienische Garten mit Palmen, Treppe und den Statuen der Götter Apollo, Venus und Bacchus – die *Formal Gardens* sind fast das ganze Jahr über farbenprächtige und

abwechslungsreiche Miniaturen, die bei genauer Betrachtung viele interessante Kapitel über die Ideen der englischen Gartenarchitektur im 18. und 19. Jahrhundert und über das Anwesen Mount Edgcumbe erzählen können.

Als Sitz der späteren Earls of Mount Edgcumbe wurde das Herrenhaus zwischen 1547 und 1550 von Sir Richard Edgcumbe errichtet, der im Auftrag König Henrys VII. die Silberminen in Devon und Cornwall kontrollierte. Mit den ihm übertragenen Ländereien begründete er den Wohlstand der Familie. Jede folgende Generation widmete sich der weiteren Gestaltung des Parks und der umliegenden Landschaft. Aufgrund ihrer Leistungen sind viele der Gärtner von Mount Edgcumbe zu hohem Ansehen gelangt.

Während des Zweiten Weltkriegs wurde das Gebäude weitgehend zerstört, als am 22. März 1941 eine Bombe einschlug, die eigentlich für die Docks von Devonport bestimmt war.

Allen Schwierigkeiten zum Trotz entschloß sich der Sechste Earl of Mount Edgcumbe, das Haus wieder aufzubauen. Doch knapp dreißig Jahre später war Mount Edgcumbe nicht mehr zu finanzieren. Familientragödien und Steuerprobleme führten zum Verkauf des herrschaftlichen Sitzes an das Land Cornwall und die Stadt Plymouth. Das Interieur blieb weitgehend erhalten.

Verweilen wir noch kurz beim Mount Edgcumbe House. Wenn man, über die eindrucksvolle grüne Avenue nach oben kommend, den Vorplatz betritt, wird sehr schnell deutlich, welch majestätische Lage das Haus einnimmt. Gebaut aus rötlichem Stein im Tudorstil, bietet das trutzig und zugleich romantisch wirkende Haus auch viele interessante Einblicke in das Leben einer alten englischen Adelsfamilie. Zu den sehenswerten Attraktionen gehört eine wertvolle Gemäldesammlung mit Werken von Joshua Reynolds und William van der Velde. Und wer nach der Besichtigung der altehrwürdigen Räumlichkeiten samt *Hall* und *Dining Room* Erholung braucht, findet sie im *Cedar Tearoom*.

Umgeben ist das Gebäude vom fast exotisch anmutenden *Earl's Garden* mit seinen prachtvollen Libanon-Zedern, Korkeichen, einer vierhundert Jahre alten Linde und leuchtenden Blumenbeeten neben den schneeweißen Kieselwegen. Drei Gartenhäuser und ein aus Muscheln und Mineralien errichteter *Shell Seat*, ein überwölbter Sitzplatz, gewähren spektakuläre Ausblicke in die Umgebung.

Das Haus und der Park waren 1996 Hauptschauplatz der Pilcher-Verfilmung *Eine besondere Liebe* mit den Schauspielern Gaby Dohm, Christian Wolff und Friedrich von Thun. Der weite Blick über die Avenue hinauf zum Haus gehört zu den unvergeßlichsten und „englischsten" Kameraperspektiven der Rosamunde Pilcher-Reihe des ZDF.

Gehen wir noch einmal zurück zum Ausgangspunkt bei den *Formal Gardens*. Wer den Park in seiner ganzen Vielfalt kennenlernen möchte, sollte von dort aus zunächst links den Weg entlang dem Wasser verfolgen, vorbei an der Battery, dem alten Verteidigungswall der Stadt Plymouth, auf dessen Plattform noch heute drei verrostete Kanonen Wache halten. Dahinter schützen zehn Meter hohe Hecken den Park vor den Meereswinden.

Wer Zeit mitbringt, kann auf diesem Spazierweg Tageswanderungen bis zur Halbinsel Rame Head unternehmen oder sich an den Klippen und Stränden von Kingsand und Cawsand auf die Küstenlandschaft Cornwalls einstimmen.

Das im Tudorstil erbaute Mount Edgcumbe House

Ein Stück hinter der Battery lockt ein weißer ionischer Tempel *(Milton's Temple)* vor der Kulisse eines verträumten Seerosenteiches. Ganz in der Nähe befindet sich eine beeindruckende Sammlung unterschiedlicher Kamelienarten, die von der Parkverwaltung stolz „The National Camellia Collection" genannt wird.

Auch in diesem Parkbereich ist das landschaftsbestimmende Prinzip der Anlage erkennbar – Räumlichkeit und Tiefe durch wechselnde Kombination von offener Rasenfläche und Baumbestand. Wo in einiger

Formal angelegte Beete in üppiger Farbenpracht

Entfernung hinter dem Teich leicht ansteigend das dichte Grün beginnt, bietet sich dem Auge fast Urwald, mit hohen Bäumen wie Zedern und Eichen, dichtem Unterholz und vielen seltenen Pflanzen.

Oberhalb des Schlosses stößt man auf den alten *Deer Park*, der heute allerdings nicht mehr in seiner ursprünglichen Form vorhanden ist. Seine Herde prachtvoller Hirsche, die noch rund hundertzwanzig Tiere umfaßt, wurde mittlerweile auf die umliegenden Wälder verteilt und zeigt sich daher nur selten den Besuchern.

Traumhafte Parks in Cornwall

Mount Edgcumbe House & Country Park ist auf jeden Fall ein lohnendes Ziel für einen Tagesausflug. Die großzügigen Rasenflächen stehen dem Publikum für Picknick und Entspannung zur freien Verfügung, was von den Engländern am Wochenende hauptsächlich im unteren Teil der *Avenue* genutzt wird. Ansonsten findet man selbst in der Hauptsaison viele einsame, beschauliche Plätze, an denen man diese einzigartige Parklandschaft genießen kann. (Siehe Anhang S. 127.)

THE LOST GARDENS OF HELIGAN

Oberhalb des Fischerdorfes Mevagissey erstreckt sich ein faszinierendes Gartenparadies, das unter der Vielzahl aufregender Park- und Gartenanlagen in England inzwischen die meisten Besucher anlockt: „Die Verlorenen Gärten". Allein der romantisch-melancholische Name weckt Neugier. Tatsächlich sind Heligan und seine Geschichte ein einzigartiges Abenteuer.

Es war einmal ... ein gewisser Henry Hawkins Tremayne, seines Zeichens Gutsherr, der auf diesen Hügeln an Cornwalls Südküste Ende des 18. Jahrhunderts weitläufige Gärten anlegen ließ. Drei Generationen seiner Familie folgten seiner Leidenschaft, Pflanzen aus den fernen Kolonien herbeizuschaffen, die im milden cornischen Klima ihre exotische Pracht entfalteten. Bald bedurfte es der Arbeit von über zwanzig Gärtnern, um die Anlage in planvoller Blüte zu halten. Doch nach dem Ersten Weltkrieg war die Familie nicht mehr in der Lage, die ausgedehnten Anlagen zu unterhalten. Das Herrenhaus wurde vermietet, später verkauft und schließlich in Eigentumswohnungen umgewandelt. Und so fielen die Gärten vor gut siebzig Jahren in einen wildwuchernden Dornröschenschlaf.

Es war einmal ... ein Mann namens Tim Smit, geboren in Holland, Archäologe, ehemaliger Popmusiker und Plattenproduzent, der im Februar 1990 zum erstenmal Heligan betrat. Eingeladen hatte ihn ein Erbe der Familie Tremayne, den der Zustand der einst berühmten Gärten bedrückte. Mangels Wegen mußten sie sich mit Macheten einen Pfad durch den Dschungel bahnen, der Verborgenes ahnen ließ, denn hier und da ragten Palmenspitzen aus dem undurchdringlichen Grün hervor. Tim Smit war sogleich von der Stimmung dieses Ortes angerührt.

Und damit begann das Abenteuer, die verlorenen Gärten zu neuem Leben zu erwecken.

Hunderte von umgestürzten Bäumen, wuchernde Lorbeerhecken, drei Meter hohe Brombeersträucher mußten in mühevoller Arbeit beseitigt werden, um nach und nach freizulegen, welche Pflanzen und Bäume hier einst gestanden haben. Alte Landkarten, eine Schar von Pflanzenexperten und Kennern viktorianischer Gärten sowie zahllose Enthusiasten haben geholfen, die rund sechzig Hektar großen Lost Gardens of Heligan in ihren einstigen Zustand zu versetzen.

Um verlorengegangene Pflanzenbestände ersetzen zu können, kam den Gartenrettern auch ein Metalldetektor zu Hilfe, mit dem 250 viktorianische Pflanzenanhänger aus Blei und Zink aufgespürt wurden. So konnten viele Obstsorten, die hier einst wuchsen, wieder gezüchtet werden.

Denn die Lost Gardens sind nicht nur ein subtropisches Pflanzenparadies mit Palmen, Farnen und Gunneras. Zu ihnen gehören auch Blumen- und Nutzgärten. Dort werden die unterschiedlichsten Obst- und Gemüsesorten aus viktorianischen Zeiten gezogen. Allerdings nicht streng nach den Anbauprinzipien der Vorfahren, die auch vor dem Einsatz von Arsen und Schwefel nicht zurückschreckten, sondern unter Anwendung organischer Methoden. So wachsen hier wieder hinter schützenden Mauern unter anderem Kirschen, Pflaumen, Aprikosen und Birnen und eine Vielzahl von Kartoffelsorten, die so klangvolle Namen wie *Golden Wonder* oder *Belle de Fontenay* tragen.

Da sich der Import exotischer Früchte im vergangenen Jahrhundert wegen der geringen Geschwindigkeit der Schiffe problematisch gestaltete, besaßen die vermögenden Gartenbesitzer Gewächshäuser, in denen sie Obst aus fernen Ländern selbst züchteten. Und so findet der Besucher in Heligan nicht nur ein restauriertes Bananenhaus, sondern auch ein *Melon House*, das vollständig verfallen war und dank der Vergrößerung einer alten Fotografie wieder instandgesetzt werden konnte. In ihm zog man im jährlichen Wechsel Gurken und Melonen, wobei letztere von Netzen getragen wurden. Die Gurken wiederum gediehen in Glasbehältern, da man gerade Früchte bevorzugte.

Eine echte Rarität stellt der *Pineapple Pit* (Ananasgraben) dar. Die Grube wurde Mitte des 18. Jahrhunderts erbaut und ist die einzig erhaltene ihrer Art in ganz England. Das Besondere dieser ausgeklügelten Anlage besteht darin, daß die Erwärmung durch Kompostierung von

Eine natürliche Skulptur

Pferdemist erfolgt. Was übrigens einen staunenden Prinz Charles bei einem Besuch Heligans zu dem Kommentar veranlaßte: „Da müßt ihr aber eine Menge Scheiße schaufeln." In den Genuß der ersten Ernte kam seine Mutter, der man im November 1997 anläßlich ihrer Goldenen Hochzeit eine der köstlich duftenden Früchte schickte.

Andere Gebäude geben Einblicke in das Leben der Menschen, die hier früher gearbeitet haben. In einem Schuppen rufen alte Geräte die Erinnerung an die einstige Mühsal wach, die Gärtnern ohne den Einsatz moderner Maschinen nun einmal bedeutete. Zur Sammlung gehören auch Giftzerstäuber, und spätestens dann mag jede nostalgische Schwärmerei versiegen, wenn man erfährt, daß Gewächshausgärtner, die damit giftige Chemikalien sprühten, nicht sehr alt wurden. So erhielt denn auch dieser teuflische Apparat den Namen „widow-maker".

Traumhafte Parks in Cornwall

„Geschichte, zumal Gartengeschichte, ist ein großer Komposthaufen, und den haben meist die bewegt, deren Namen nicht in den Geschichtsbüchern stehen, sondern wie in Heligan auf den Wänden der Gartentoilette", schreibt Peter Sager in seinem Buch *Englische Gartenlust*. Dort haben Gärtner vor dem Ersten Weltkrieg ihre Namen in den Putz geschrieben, Namen, die man am Kriegerdenkmal im drei Kilometer entfernten St. Ewe wiederfindet. Nicht zuletzt sind es solche Spuren, die Tim Smit und seine Mitstreiter bewegten, Heligan im Gedenken an diese Menschen wiederaufleben zu lassen.

Jenseits des sogenannten produktiven Geländes wandert man entlang verschlungenen Wegen durch eine üppig grüne Wunderwelt. So wartet *Flora's Green*, ein Rasen, auf dem früher Blumenbälle stattfanden, mit einer aus dem Himalaja stammenden Rhododendronsammlung auf, die 1850 angepflanzt wurde. Und neben zahllosen Palmen, Baumfarnen und Bambusstauden wächst in Heligan auch so manches rare Exemplar wie zum Beispiel ein *Ginkgo biloba*, die mit 250 Millionen Jahren älteste Baumart der Erde. Halb abgestorben lehnt sich über eine Mauer ein „Kopfschmerzbaum", der diesen Namen nicht etwa seiner heilenden Wirkung verdankt, sondern dessen Duft im Gegenteil dieses Leiden hervorruft. Zur ursprünglichen Bepflanzung zählt auch ein Taschentuchbaum, der mit seinen weit ausladenden Zweigen im *Sundial Garden* steht. Ein wahres Wachstumswunder kann man im *Italian Garden* mit seinem idyllischen Teich bewundern: eine Kiwi, deren Triebe am Tag bis zu fünf Zentimeter über das Dach des Sommerhauses wandern. Nachdem sie sich mehr als hundert Meter über die Anlage ausgedehnt hatte, schneidet man ihr nun den Weg hinüber in den Melonengarten regelmäßig ab.

Auf dem Weg zu einer Stärkung im *Tea Room* kann der Besucher durch die „Schlucht" *(The Ravine)* wandern. Der Pfad durch diesen künstlich angelegten Steingarten ist zwar holperig, dafür darf man sich aber wie auf einem Paß im Himalajagebirge fühlen.

Außerhalb der Nördlichen Gärten, von denen bislang die Rede war, führt ein beschilderter Waldweg zum „Dschungel". Zentrum dieses subtropischen Tals sind vier miteinander verbundene Teiche, die im 18. und 19. Jahrhundert angelegt wurden. Entlang einem Holzweg, den man wegen der Empfindlichkeit des Geländes nicht verlassen sollte, wächst nicht nur die größte Baumfarnsammlung Englands, sondern ragen auch drei Bäume empor, die vermutlich die größten in Europa sind. Und wer genau hinschaut, wird überall Fledermauskästen entdecken, die den einheimischen Populationen Zuflucht bieten.

Vom *Jungle* aus geht es über einen steilen Abhang weiter ins *Lost Valley*. Dieses Verlorene Tal war zu Beginn der Restaurierung Heligans als angelegte Landschaft gar nicht mehr zu erkennen. Erst mit der Entfernung zahlreicher Platanen und Eschen, die sich hier selbst ausgesät hatten, traten Spuren hervor, die darauf hinweisen, daß dieses Gebiet bereits im Mittelalter genutzt wurde. Ein aus jener Zeit stammender Mühlteich sowie ein zweiter großer See sind inzwischen vom Schlamm befreit und von Tausenden Wasserpflanzen umgeben. Nun erscheint das verwunschene Tal wieder so, wie es vor fast zweihundert Jahren ausgesehen haben muß.

Am Ende der Wanderung wird man nicht nur viele Kilometer zurückgelegt haben, sondern auch voll unvergeßlicher Eindrücke sein. Heligan, „die Gartenrestaurierung des Jahrhunderts", wie die *Times* schrieb, ist weiterhin im Werden begriffen. Vielleicht ist auch dies ein Grund, immer wieder eine Reise nach Cornwall zu unternehmen. (S. auch S. 127.)

TRELISSICK GARDEN

Südlich von Truro findet man an der Mündung des River Fal eine weitere höchst eindrucksvolle Gartenanlage, deren Ruf weit über Cornwall hinausreicht.

Wie in allen anderen maritimen Gärten in Südwestengland beruht auch die Vegetation in Trelissick Garden auf dem Geheimnis einer windgeschützten Lage, wo selbst im Winter die Temperaturen nicht unter acht Grad fallen.

Die Ursprünge des Gartens liegen bereits in der Mitte des 18. Jahrhunderts. Zahlreiche wohlhabende Familien Cornwalls gehörten über die Jahrhunderte zu den Eigentümern und haben das Erscheinungsbild des Gartens mitgeprägt. Auch Trelissick steht seit 1955 unter der Verwaltung des National Trust.

Der Besucher wird im Eingangsbereich von einer Gruppe herrschaftlicher Häuser und ehemaliger Stallungen begrüßt, die um einen Innenhof gruppiert sind. In der dazugehörigen *Trelissick Gallery* stellen regelmäßig cornische Künstler und Kunsthandwerker aus.

Direkt gegenüber erhebt sich ein alter Wasserturm, der das Wahr-

zeichen von Trelissick Garden darstellt und heute als ungewöhnliches Cottage an Feriengäste vermietet wird.

Vorbei an einem Beet wogender blauer Geranien geht es dann in den Park hinein. Dieser erstreckt sich rechts und links der schmalen Straße, die zur King Harry-Fähre hinunterführt. Die beiden Parkhälften sind durch eine kleine Holzbrücke miteinander verbunden.

Auch bei diesem Rundgang sollte aus Erfahrung gelten: Erst einmal auf dem Hauptweg (Nr. 11) hinein ins Zentrum, um die Atmosphä-

re des Gartens sozusagen von innen heraus kennenzulernen.

Bereits auf den ersten hundert Metern bietet die Flora viele Abwechslungen. Üppig wachsende Dahlien, Clematis, Feigen und Jasminsträucher lassen die Vielfalt ahnen. Wie überall in Cornwall, auch außerhalb der Parks, scheint der Rhododendron bis in den Himmel zu wachsen.

Zu den Anlageprinzipien in Trelissick Garden gehört ein gepflegtes Nebeneinander von Rasen, hohen Bäumen als Schwerpunkte in der

Fläche und eng gruppierten Büschen und Sträuchern. So steht auf der Hauptrasenfläche wie ein Urtier mit weit ausladenden Zweigen eine 1898 gepflanzte Japanische Zeder, in respektvollem Abstand umgeben von Azaleen, Yucca, Phlox, Seegras und Rhododendron. Und immer wieder kann man zwischen den großen Sträuchern die kleine, oft fast unscheinbare botanische Rarität aufspüren.

Vom Weg Nr. 18 aus *(Hydrangea Walk)* entdeckt man plötzlich links zwischen den Bäumen das weiße Gemäuer eines kleinen, idyllisch von Blumen und Farnen umgebenen Hauses. Es ist das *Ferri's Cottage*, und wer einmal in den Genuß dieses Anblicks kam, wird das kleine Cottage vermutlich nie mehr vergessen.

Die oberen Wege mit den Nummern 13, 14 und 15 führen durch eine großflächige Parklandschaft, die so etwas wie das alte aristokratische Herz von Trelissick darstellt. Von hier aus hat man einen weiten Ausblick auf die Bucht von Falmouth und das gegenüberliegende Ufer.

Nach Überquerung der hölzernen Brücke gelangt man auf die linke Gartenseite, die ebenfalls als Parklandschaft mit weiter Rasenfläche gestaltet ist. Darin befinden sich zahlreiche Inseln seltener Gehölze und eigener Rhododendron- und Hydrangeazüchtungen des letzten Eigentümers Ronald Copeland. Im Frühjahr erstreckt sich hier unter Apfelbäumen ein großer Teppich aus Wildblumen und cornischen Narzissen.

Ein reetgedecktes Gartenhaus bietet Schutz, sollte einmal ein typisch englischer Schauer vom Himmel kommen. Auch dort, in der Nachbarschaft hoher alter Kiefern, eröffnet der Garten immer wieder neue Perspektiven.

Trelissick Garden gehört zweifellos zu den Glanzstücken des National Trust. Der Gartenliebhaber kann zudem Pflanzen kaufen und sich fachmännisch beraten lassen.

Auch für die Rosamunde Pilcher-Verfilmungen war die unmittelbare Umgebung von Trelissick ein interessanter und optisch ergiebiger Schauplatz. Hier wurde 1995 der Film *Wolken am Horizont* gedreht, dessen Landschaftsaufnahmen die unverwechselbare Stimmung der Falmouth-Bucht und ihrer Parks und Gärten wiedergibt. (S. auch S. 135.)

TREBAH GARDEN und GLENDURGAN GARDEN

Etwa sechs Kilometer südwestlich von Falmouth, oberhalb des romantischen Helford River, liegt der Eingang zu einem Gartenparadies, das zweifellos zu den ungewöhnlichsten in ganz Europas gehört: Trebah Garden.

Hier, an der vom warmen Golfstrom besonders verwöhnten Südküste Cornwalls, verfügt die Natur über nahezu alle Bedingungen für das Gedeihen subtropischer Pflanzen. Das machte sich ein Mann namens Charles Fox zunutze. Der angesehene und wohlhabende Quäker erwarb im Jahr 1826 den Berghang am Helford River und begann ihn als exotischen Garten zu gestalten. Aus der ganzen Welt ließ er Pflanzen zusammentragen, experimentierte mit seltenen Baumarten und entwickelte eine äußerst phantasievolle Methode, die Verwirklichung seiner gartenarchitektonischen Ideen zu erproben. Fox ließ Baumattrappen aufstellen, während er selbst, ausgestattet mit Teleskop und Megaphon, hoch oben auf dem Hügel stand, um von dieser Position aus ein sicheres Gespür für die Relationen seines künftigen Gartens zu erhalten.

Schon beim Betreten der heutigen Anlage steht man unter Palmen, wie überhaupt diese Bäume die fast selbstverständlichsten Pflanzen in Trebah Garden zu sein scheinen. Vom Eingangsbereich aus, wo Sitzplätze und ein Café zum Verweilen laden, hat man auch den besten Blick hinab ins Tal, denn eine wichtige Entscheidung muß getroffen werden: Erst in die Talmitte hinunterwandern und über die Berghänge wieder zurück oder umgekehrt?

Wer die Sehnsucht nach subtropischer Pracht gleich stillen möchte, sollte sich zunächst zum *Beach Path* begeben und diesem gemächlich bis zum Helford River folgen. Vorbei an gewaltigen Bäumen und gut zwei Meter hohen Farnen geht es nun immer auf der Talsohle entlang, die wie ein Urwald anmutet. Exotische Pflanzen aus dem Mittelmeerraum wechseln sich mit fast zwanzig Meter hohen Himalaya-Rhododendren im *Rhododendron Valley* ab. Dort stößt man auch auf eine Gruppe von sogenannten „Trebah Chusan Palms", der höchsten Palmenart in Cornwall. Ein Stück weiter wartet schon die nächste botanische Wunderwelt, der dichte Bambushain. Durch ihn führt ein Pfad bis zu den beiden mit Sumpfpflanzen besetzten Teichen. Wem das immer

Ein Teich mit japanischen Edelkarpfen

noch nicht tropisch genug ist, der darf in der *Gunnera Passage* unter den wagenradgroßen Blättern des bis zu fünf Meter hohen Brasilianischen Rhabarbers Dschungelstimmung genießen.

Trotz der scheinbar wild und dicht wuchernden Üppigkeit der Pflanzen ist der Garten übersichtlich strukturiert. Wege wie der *Davidia Walk*, der *Hydrangea Walk* oder der *Radiata Path* leiten den staunenden Besucher durch die Anlage.

Am Ende des Tals lockt schließlich das Wasser des Helford River. Über eine kleine Treppe kann man zum *Yankee Beach*, einem kleinen Kiesstrand, hinuntersteigen und sich ein wenig erfrischen. Sitzmöglichkeiten sind ausreichend vorhanden, und wer mag, darf auch in den Fluß gehen, sollte allerdings vorsichtig sein, denn alte Eisenanlagen unter Wasser können Schwimmern gefährlich werden. Ein kleines Bronzeschild erklärt auch, warum. Während des Zweiten Weltkriegs wurde der Yankee Beach militärisch genutzt. Im Juni 1944 waren hier die Soldaten der 29. US-Infantrie zwischengelandet, bevor sie dann unmittelbar vor dem D-Day in Richtung Normandie aufbrachen.

Wendet man den Blick nach links über den Fluß, kommt ein kleiner Bootshafen in Sicht. Der Helford River ist ein beliebtes Segelgewässer. An schönen Tagen, wenn eine kräftige Brise vom Meer herüberweht, sind Hunderte von weißen Segeln zwischen Helford und der weiten Falmouth-Bucht zu sehen.

Nach der Rast am Strand kann man über den linken oder rechten Berghang wieder den Rückweg antreten. Besonders schön ist der Spaziergang über den *Petry's Path*, mit herrlichem Ausblick über das ganze Tal mit seinen Exoten. Von hier aus entdeckt man nun auch das weiße Herrenhaus im Kolonialstil, das auf der Anhöhe inmitten eines leuchtenden Blütenmeeres thront. Das Haus ist der Öffentlichkeit nicht zugänglich, doch aufgrund seiner Lage und gepflegten Anmutung stellt es einen besonders schönen Blickfang dar. Hier lebt Major Hibbert, der 1981 mit seiner Frau Trebah übernahm und das ehrgeizige Projekt der vielen Generationen vor ihm fortführte. 1987 öffnete Hibbert den Garten für das Publikum, nachdem das Tal vierzig Jahre lang in einer Art Dornröschenschlaf gelegen hatte. Doch die Gartenexperten Cornwalls sind sich einig, daß in dieser „Ruhepause" wohl auch das Geheimnis von Trebah Garden liegt: Die Natur konnte genug Kraft sammeln, um danach geradezu explosionsartig diesen ungewöhnlichen exotischen Pflanzenreichtum hervorzubringen.

Unterhalb des Hauses endet der *Petry's Path* an einem kleinen Wasserfall. Die Felsen, an denen das Wasser hinabstürzt, sind mit Kletterpflanzen berankt und von buschigen Farnen gesäumt.

In einem kleinen Teich, dem *Koi Pool*, schwimmt ein Dutzend wertvoller Kois, japanischer Edelkarpfen, die Kenner sofort an ihren besonderen Farbtupfern erkennen.

Ein Stück weiter folgen Myrtenwege und wiederum haushohe Rhododendren, die einen sozusagen bis zum Ausgang eskortieren.

Auch was die Einrichtungen für Besucher betrifft, ist Trebah Garden vorbildlich organisiert. Wie in den meisten anderen Parks gibt es einen Pflanzenverkauf und einen sympathischen Shop, in dem man

Bücher, Karten und Erfrischungen erwerben kann. (S. auch S. 133.)

Die Region um Trebah und den Helford River ist einer der Hauptschauplätze der Pilcher-Verfilmungen gewesen und wird es auch in Zukunft immer wieder sein. Häufig haben die Dreharbeiten an den schönsten Orten dieses Gebietes stattgefunden, wobei auch die traumhaften Gärten als Kulisse dienten. Sie gehören zu den romantischsten Motive, die das Produktionsteam in der Grafschaft entdeckt hat. Und wer aufmerksam die Pilcher-Filme betrachtet, wird hier blühende Gärten, Palmen und viele andere typische Vegetationen Cornwalls im Überfluß zu sehen bekommen.

Nur wenige hundert Meter von Trebah Garden entfernt, an der selben Zufahrtsstraße gelegen, befindet sich der Eingang zu einem anderen, kleineren Garten, der so etwas wie der bescheidenere Verwandte von Trebah ist: Glendurgan Garden.

Der Begriff Verwandtschaft trifft sogar im doppelten Sinne zu. Nicht nur wegen der geographischen Lage – Glendurgan Garden liegt in einem Paralleltal zu Trebah und fällt ebenfalls bis zum Helford River hinab –, sondern auch, weil Alfred Fox, der Erbauer von Glendurgan, ein Bruder von Charles Fox war, der Trebah Garden gestaltete.

Alfred Fox war ein wohlhabender Reeder und ließ mit seinen Schiffen für sich und Charles die begehrten exotischen Pflanzen aus der ganzen Welt mitbringen. So nahm das idyllische Tal ab 1820 nach und nach seine heutige Gestalt an.

Glendurgan beeindruckt dennoch weniger durch tropische Attraktionen als vielmehr durch eine gewisse Verbundenheit mit den natürlichen Gegebenheiten Cornwalls. Größere Wiesen gehören ebenso dazu wie trennende Hecken und einheimische Bäume.

Die Parkverwaltung empfiehlt einen Rundgang, der zunächst auf der östlichen, tiefer gelegenen Seite zum Fluß hinunterführt. Man folgt dabei dem Kamelienweg, dessen Pflanzen zum Teil hundert Jahre alt sind (darunter Sorten wie ‚Preston Rose' und ‚Villes de Nantes Variegata'), dem *Cherry Orchard*-Weg und passiert zwei riesige 170 Jahre alte Tulpenbäume mit ihren gut drei Meter dicken Stämmen.

Natürlich fehlen auch in dieser Anlage die Palmen nicht, umgeben von Sumpfzypressen und hohen Zedern. Daneben spendet eine gigantische brasilianische Gunnera mit ihrem Blätterdach Schatten. Ein Irrgarten aus Kirschlorbeer erinnert an alte englische Gartentraditionen.

Vom Trebah Garden führt ein Weg zum zauberhaften Helford River

Am unteren Ende des Gartens muß man das Gelände durch ein altes Tor verlassen, um zu den Häusern von Durgan Village zu gelangen. Dort am Ufer gibt eseinen Anlegesteg, von wo aus ein „Rivertaxi" Ausflüge auf dem Helford River und in die Bucht unternimmt. Die zwanzig Cottages des romantischen Dorfes wurden einst von Fischern bewohnt,

Labyrinth aus Lorbeerhecken im Glendurgan Garden

die Sardinen, Makrelen und Hummer aus der Bucht holten und ihren Fang auf Eseln ins benachbarte Falmouth transportierten. Danach geht es nun linker Hand wieder in den Garten, wo man auf dem westlich gelegenen Hang zum Ausgang zurückspaziert. (S. Anhang S. 124.)

Traumhafte Parks in Cornwall

TRESILLIAN HOUSE & GROUNDS

Natürliche Symbiose von Blumen und Gemüse in Tresillian

Während viele berühmte Gärten Cornwalls ihren Schwerpunkt auf exotische Pflanzen legten, deren Pracht nicht zuletzt den Wohlstand und Einfallsreichtum einer Familie widerspiegelte, haben sich die Gärtner von Tresillian House auf eine ganz andere jahrhundertealte Tradition zurückbesonnen: Obst- und Gemüseanbau in Verbindung mit Blumenzucht. Diese Anpflanzungsart charakterisierte einst fast jeden *Kitchen Garden* in Südwestengland.

Vor zwölf Jahren begann man in Tresillian damit, den alten Viktorianischen Hausgarten, der den Mittelpunkt der Anlage darstellt, wiederaufleben zu lassen. Inzwischen befindet er sich weitgehend in dem Zustand, wie er vor einem Jahrhundert als Nutzgarten für eine große Familie und ihre Angestellten gedient hat. Umgeben von einer drei Meter hohen Mauer, wirkt dieser sogenannte *Walled Garden* wie ein stiller Klostergarten. In ihm liegt die Temperatur um einige Grade höher, weshalb die Pflanzen besonders gut gedeihen können. Entlang den Wänden wachsen Spalierbäume, die windgeschützt und an den Backsteinen von der Sonne gewärmt reichlich Früchte tragen. Viele der Obstsorten (Äpfel, Birnen, Kirschen und Pfirsiche) sind übrigens alte Züchtungen, die aus viktorianischer Zeit stammen und heutzutage als besondere Raritäten gelten.

Die Bepflanzung der Beete folgt einem einfachen traditionellen Prinzip: Immer abwechselnd sind in langen Reihen Blumen und Gemüse gepflanzt, um sich in natürlicher Symbiose zu ergänzen. Auf diese Weise wird Ungeziefer ferngehalten, und so wächst Blumenkohl neben Phlox oder Wicken neben zahlreichen anderen Gemüsearten. Allein zwanzig unterschiedliche Tomatensorten sind heutzutage in Cornwall zu finden, viele davon im Garten von Tresillian.

Chefgärtner John Harris, der bei der BBC in einer eigenen wöchentlichen Radiosendung Gartentips gibt, wendet bei seiner Arbeit im *Walled Garden* strikt die jahrtausendealte Methode an, nur bei Neumond zu pflanzen und bei Vollmond zu ernten.

Der Gartenfreund kann sich hier gewiß zahlreiche Anregungen holen oder auch einfach die einzigartige Stimmung in diesem beschaulichen, von Blumen- und Kräuterdüften erfüllten Garten genießen.

Aber auch neben dem *Walled Garden* hat Tresillian eine Menge zu bieten. Das zwanzig Morgen große Grundstück ist von Wegen durchzogen, die den Besucher durch kleine Wälder und Obstwiesen führen, die alle liebevoll gepflegt werden. Zwischen jüngeren Bäumen stehen alte morsche Stämme, die von den Spechten der Umgebung aufgesucht werden. Viele Pfade sind von zwanzig Meter hohen Lorbeerbäumen gesäumt. Eine ungewöhnliche Attraktion ist die sogenannte *Apple*

Li-brary, eine Wiese mit 140 Apfelbäumen in 72 verschiedenen cornischen Arten. Sie wurden 1993 in dem für Cornwalls Gärten typischen Rautenmuster angepflanzt.

Übrigens konnte das Gelände erst 1996 der Öffentlichkeit zugänglich gemacht werden, weil 1987 und 1990 zwei Stürme in den Waldungen große Verwüstungen angerichtet hatten. Die Wiederaufforstung nahm einige Jahre in Anspruch. Nach der Anpflanzung von sage und schreibe 15 000 Bäumen entspricht das Erscheinungsbild der *Woodlands* dem vor hundert Jahren.

Ein besonderer Blickfang ist das Tresillian House, was übersetzt „Haus in der Sonne" heißt. 1848 aus silberbraunem Sandstein erbaut, ist

es von wunderschönen Sträuchern und Staudenrabatten umgeben. Rund um den kleinen idyllischen See vor dem privat genutzten Herrenhaus stehen Weiden, Gunneras, Lilien und Farne. Unter den Seerosen, die in den Blütemonaten als zauberhafte Farbsymphonie auf dem Wasser treiben, tummeln sich japanische Edelkarpfen und riesige Goldfische.

Tresillian House & Grounds, etwa eine halbe Stunde südlich von Newquay gelegen, ist nicht jederzeit der Öffentlichkeit zugänglich, doch sind Besucher in den Sommermonaten herzlich willkommen. Dann finden Führungen statt, zu denen man sich telefonisch anmelden sollte. (Siehe Anhang S. 136)

LANHYDROCK

Die Ursprünge des Parks und Herrenhauses Lanhydrock reichen in die zweite Hälfte des 17. Jahrhunderts zurück, als die Barone Robartes hier einen Rotwildpark anlegten.

Wer heute aus Richtung Bodmin kommend das Gelände über die breite Auffahrt betritt, entdeckt sogleich gewisse Parallelen zu Mount Edgcumbe wie auch zu vielen anderen englischen Landsitzen jener Zeit und spürt doch gleichzeitig, daß Lanhydrock in seinem gesamten Erscheinungsbild auf ein Maximum an Großzügigkeit und freier Fläche angelegt ist. Allerdings hatte dies auch zur Folge, daß man hier nicht jene botanische Vielfalt vorfindet, die für zahlreiche cornische Parks kennzeichnend ist.

Oberhalb des Flusses Fowey gelegen, fällt der Park vom Eingang her sanft zum Tal hin ab. Die Hügel am gegenüberliegenden Ufer begrenzen das weite Panorama ebenso wie die Wälder zur Linken.

Das sich östlich der nahe gelegenen Stadt Bodmin ausdehnende Bodmin Moor hat erheblich dazu beigetragen, daß Lanhydrock einen einzigartigen Baumbestand aufweist. Der feuchte Boden der Gegend hatte den ersten Lord Robartes dazu veranlaßt, auf dem unerschlossenen, von Heide überwucherten Moorland Buchen, Silbertannen und Kiefern anzupflanzen, auf dem schwereren Boden Lärchen sowie Eichen.

Die großen Wiesen erinnern noch heute an standesgemäße Fuchsjagden und Ausritte der vornehmen Gesellschaft. Wie in Mount Edgcumbe schafft auch hier eine breite *Avenue* zwischen Haus und östlicher Parkseite eine beeindruckende Querverbindung.

Die Parkverwaltung des National Trust, unter deren Obhut die Anlage seit 1953 steht, empfiehlt zwei Kurzwanderungen, um den Park kennenzulernen.

Die erste *(Great Wood and The Avenue)* umfaßt eine Strecke von etwa zwei Kilometern und beschränkt sich auf die interessanten Kerngebiete durch den Wald und den südlichen Teil des Parks bis zum *Newton House*. Dabei passieren die Besucher den *Bluebell Wood*, wo sich im April und Mai ein breiter leuchtender Teppich von Glockenblumen erstreckt.

Die zweite Wandermöglichkeit *(The Estate Walk)* nimmt etwa vier Kilometer in Anspruch. Dabei gelangt man über die erstgenannte Weg-

Das Herrenhaus im Lanhydrock Park

strecke hinaus auch zum *Higher Garden* mit seinen farbenprächtigen Kamelien und Magnolien. Anschließend führt der Weg zum Wasser hinab.

Wer mehr Zeit mitbringt, findet Wege genug, um am Ufer des Fowey viele romantische Plätze zu entdecken. Dort unten befindet sich auch der *Station Pond*, ein erst 1988 angelegter Teich, der zu jeder Jahreszeit Treffpunkt von Reihern, Moorhühnern oder Kormoranen ist. Wer Glück hat, sieht hier vielleicht sogar einen Eisvogel.

Aber das eigentliche Wesen von Lanhydrock, seine Ursprünge und seine historischen Aufgaben sind erst vollständig zu verstehen, wenn man bei einem Besuch des Hauses Einblicke in das englische Gesellschaftssystem gewinnt.

Durch ein großes Torhaus betritt man zunächst den Garten, dessen zahlreiche große und kleine penibel geschnittenen Taxushecken im typischen Stil des *Formal Garden* angelegt sind. Blühende Beete in Rot,

Traumhafte Parks in Cornwall

Gelb und Weiß, Magnolien und immer wieder Kamelien bilden die Farbkulisse vor dem Tudorbau mit seinen beiden Seitenflügeln.

Der Hof dieses Gebäudes aus dem 17. Jahrhundert wirkt einladend. An den Hauswänden rankt bis unter das Dach Lorbeer empor, und die Fenster unter den kleinen spitzen Türmchen lassen ahnen, daß dahinter eine behagliche Atmosphäre herrscht.

1881 war Lanhydrock abgebrannt, aber die Familie Robartes gab nicht auf und restaurierte das Anwesen. Lediglich das Torhaus und der Nordflügel befinden sich weitgehend im Originalzustand.

Ein Rundgang durch das Haus ist ein Muß für jeden, der sich für die englische Lebensart interessiert. In liebevoller Kleinarbeit hat der National Trust mit dem ursprünglichen Inventar alle Räume wieder so ausgestattet, wie es einem herrschaftlichen Haushalt jener Zeit angemessen war. Die Säle, das Speisezimmer, die Schlafräume (unter anderem „His Lordships Bedroom"), das Rauchzimmer – sie alle vermitteln einen Eindruck von der Lebenskultur einstiger Zeiten.

Auch kann der Besucher vieles über das Alltagsleben der Dienerschaft erfahren. Die vollständig eingerichtete Küche mit eisernem Spieß, auf dem ein ganzer Ochse gebraten werden konnte, mit Kettenzügen für Wildbret und Geflügel, mit Schränken voller kleiner und großer Haushaltsgeräte – jedes Detail erzählt die Geschichte des Herrenhauses auf seine Weise. Die Welt des „Upstairs – Downstairs", wie sie vielen Zuschauern aus der Fernsehserie *Das Haus am Eaton Place* vertraut ist, findet sich in den Räumen der Bediensteten mit Klingelknöpfen für Butler und Zimmermädchen ebenso wieder wie in den Salons für die herrschaftlichen Gäste.

Apropos herrschaftlich: Besucher, die zwischen Parkeingang und Lanhydrock House „standesgemäß" pendeln möchten, sollten nach dem Oldtimer fragen, der an manchen Tagen bei offenem Verdeck Gäste transportiert.

Wer im Sommer kommt, erlebt auch in Lanhydrock, daß Cornwall seine Parks heute als kulturelle Mittelpunkte versteht. Oft finden hier Konzerte und Ausstellungen namhafter Künstler statt.

Lanhydrock ist also in jedem Fall ein Erlebnis, ein sehr britisches und ein äußerst abwechslungsreiches. Umgeben von den schönsten Wäldern Cornwalls, ist der Park zudem ein idealer Ausgangspunkt für größere Wanderungen in der Region zwischen Bodmin und Lostwithiel. (Siehe Anhang S. 125.)

Der Zauber
des Cottagegartens

Nach einem Gang durch die Gartengeschichte und der Vorstellung einiger besonders schöner Parks in Cornwall widmet sich dieses Kapitel dem Cottagegarten, wie er in ganz England mit liebevoller Hingabe gehegt und gepflegt wird. Auch in den Rosamunde Pilcher-Filmen spielt so manche Szene in einem kleinen privaten Garten, der als romantische Kulisse auf seine Weise zur einzigartigen Stimmung der Bilder beiträgt. Die folgenden Ausführungen geben nicht nur Einblick in das Wesen und die Anlage dieses Gartentyps, sondern verstehen sich auch als Anregungen für alle jene, die ihren eigenen Garten im englischen Stil gestalten möchten.

Was ist nun eigentlich ein Cottagegarten, und wie sieht er aus – eine Gartenform, die gern als typisch englisch bezeichnet wird und die für viele die Ideallösung für ihr kleines Grundstück in der Stadt oder auf dem Land darstellt? Was wir heute mit diesem Wort bezeichnen, ist natürlich nicht die ursprüngliche, sondern eine nachempfundene, dekorative Form, die aber zahlreiche Elemente des einstigen Nutzgartens der Bauern und Landarbeiter bewahrt hat. Und wenn wir heute von „Cottage" sprechen, so meinen wir natürlich nicht mehr die winzigen, ärmlichen Häuschen dieser Menschen, die wir von Bildern früherer Zeiten kennen, sondern eher die schmucken, zum Teil strohgedeckten, in Naturstein oder Fachwerk gebauten Häuser freier Bauern oder kleiner Grundbesitzer oder gar die großzügigen Cottages, wie sie sich die adelige Gesellschaft bauen ließ, als es im 18. Jahrhundert Mode wurde, sich zuzeiten an einem romantisch ländlichen Leben zu erfreuen. Heute ist so manches Cottage eher das Landhaus eines Wohlhabenden.

Der Cottagegarten hat seine Grundgestalt durch die Jahrhunderte bewahrt, diese aber immer wieder in ihren Elementen variiert. Was ihn kennzeichnet, ist in erster Linie das natürliche Aussehen, ein zwangloser Bepflanzungsstil, der ihm seinen ganz eigenen Charme verleiht und der ihn noch heute für viele Gartenliebhaber so attraktiv macht. In seiner unaufwendigen Schlichtheit hatte er auch nachhaltigen Einfluß auf große Gartengestalter wie William Robinson und Gertrude Jekyll. So hob Robinson in *The English Flower Garden* hervor, daß man nur in ihm Blumen „in einer angenehmen und natürlichen Weise" wachsen sehen könne, und Gertrude Jekyll schrieb über die Cottagegärten, sie hätten „einen schlichten, zarten Liebreiz, den man in anspruchsvollen Gärten vergebens sucht, und die alten Gartenblumen scheinen zu wissen, daß sie hier am allerschönsten zur Geltung kommen".

Ein umwachsenes Eingangstor gewährt einen Blick in den Cottagegarten.

Der Plan des Cottagegartens

Der Eindruck von Natürlichkeit darf aber nicht darüber hinwegtäuschen, daß dieser Gartentyp in Wirklichkeit nach einem genauen Plan gestaltet ist. Der traditionelle Cottagegarten hat eine formal strenge Struktur. Der Weg vom Gartentor zum Hauseingang und die Wege zwischen den Beeten verlaufen immer schnurgerade. Der Eingangsweg ist mit Blumen eingefaßt, das heißt meist mit Stauden von nur einer Sorte wie zum Beispiel Maßliebchen, zwischen die sich hier und da Einjährige aussäen dürfen.

Das ganze Grundstück ist von einer niedrigen Mauer oder Hecke umgeben, und das Gartentor schmückt eine bogenförmig geschnittene Eibe oder Quitte. Der so typische dichte Pflanzstil hat mehrere Vorzüge: Die Gewächse halten sich gegenseitig aufrecht und müssen nicht gestützt werden, der Boden bleibt, weil vollkommen bedeckt, immer feucht, und es entwickelt sich kein Unkraut. Rasen fehlt im klassischen Cottagegarten übrigens völlig – für ihn hatte man weder Platz noch Verwendung.

Am Haus selbst wird eine Pflaume oder Birne als Spalierobst gezogen, oder vielleicht sogar ein echter Wein, aber auch rein dekorative, vor allem duftende Klettergewächse wie Rosen und Geißblatt umranken die Fenster und den Eingang. Buchshecken als Wegeinfassung, wie wir sie aus unseren Bauerngärten kennen, sind für den englischen Cottagegarten nicht typisch, wohl aber ein kugel- oder kegelförmig geschnittener Buchsbaum auf der einen Seite oder zu beiden Seiten der Haustür oder des Gartentors.

Die Wege sind natürlich weder betoniert noch mit rechteckigen oder quadratischen Kunststeinplatten belegt. Sie bestehen entweder einfach aus gestampfter Erde, oder sie sind mit einem Material der Gegend belegt. Wo es viel Lehm gibt, pflastert man sie mit Ziegelsteinen, die man gern in einem Fischgrätmuster verlegt; in Gegenden mit Kalkböden ist der übliche Belag Flint; und in Küstennähe sind es Kieselsteine. Mitunter kann man auch Wege entdecken, die mit ganz unterschiedlichem Material in kunstvollen Mustern gestaltet sind.

Das Gartentor ist aus Holz, und vor dem Haus darf die Bank nicht fehlen, da der Cottagegärtner nach getaner Arbeit gern vor seinem Haus sitzt und seinen Garten betrachtet. Die Fenster sind gewöhnlich klein, daher läßt man das Haus häufig offenstehen, um frische Luft hereinzu-

Der Zauber des Cottagegartens

lassen und auch im Haus den Duft der Rosen und des Geißblatts genießen zu können.

Wir müssen wissen, daß bis zum 19. Jahrhundert die Existenz der Cottager völlig ungesichert war. Sie waren Landarbeiter und wurden von ihrem Grundherrn meist schlecht entlohnt; so nutzten sie ihr

Der Zauber des Cottagegartens

Stückchen Land für die eigene Versorgung und zogen Gemüse und Heilkräuter. Blumen spielten da natürlich nur eine geringe Rolle; man hatte weder viel Sinn für sie noch die Zeit, sich um sie zu kümmern.

Eine Veränderung trat erst im 19. Jahrhundert ein, als sich die Landbesitzer gedrängt sahen, die allzu ärmlichen Behausungen ihrer Landarbeiter abzureißen und ihnen größere Grundstücke zu überlassen. Zudem gab es jetzt immer mehr selbständige Bauern mit größeren Gärten, in denen auch die Blumen ihren Platz finden konnten. Erst in dieser Zeit entwickelt sich der uns heute vertraute Cottagegartentyp, das heißt der Gemüse- und Blumengarten, wie wir ihn noch heute überall in England finden.

Lag das Cottage unmittelbar an der Straße, war der Vorgarten nur mit Blumen bepflanzt, während das Obst und die Gemüse hinter dem Haus gezogen wurden. Stand das Cottage dagegen im hinteren Gartenteil, dann war der Eingangsweg mit Blumen eingefaßt, hinter denen sich die Gemüse- und Obstbeete erstreckten.

Die Gemüse waren in ordentlichen Reihen gepflanzt, und man muß bedenken, daß sie nicht weniger attraktiv sein können als die Blumen, da es die Cottagegärtner verstanden, die Kontraste ihrer unterschiedlichen Blattfarben, Wuchsformen und Texturen wirkungsvoll ins Bild zu setzen. So pflanzte man etwa Zwiebeln mit ihren aufrechten bläulich-grünen Blättern neben Salat mit seinen runden gelbgrünen Blättern oder die breiten, am Rand gekräuselten Blätter des rotstieligen Rhabarbers neben bläulich-silbrigen Kohl oder das zarte frischgrüne Gefieder der Karotte.

Um schöne Muster und Farbkombinationen zu erzielen, spielten die vielen Salatsorten mit ihrem ganz unterschiedlichen Laub in Grün- und Rosttönen und mit krausem oder glattem Rand eine besonders große Rolle. In langen Reihen nebeneinandergesetzt und hier und da von großen Kohlblättern überragt, bieten sie ein Bild voller Abwechslung.

Küchenkräuter zog der Cottagegärtner an der Küchentür oder unter dem Küchenfenster, um sie beim Kochen gleich zur Hand zu haben. Dazu gehörte auch der Rosmarin, der heute aber mehr als rein dekorativer Strauch mit anderen für solche Gärten typischen Pflanzen wie Lavendel, Eberraute und Seidelbast verwendet wird.

Glockenblumen, *Lavandula stoechas* und Salbei im gleichen Farbspektrum

Der Lavendel

Lavendel war schon in frühester Zeit bei den Bauern als Duft- und Heilpflanze beliebt. Man war der Überzeugung, gute Gerüche, besonders Pflanzendüfte, besäßen eine heilende und gegen Krankheiten auch vorbeugende Wirkung, da ja verdorbene Luft allgemein als eine der wichtigsten Ursachen von Krankheiten angesehen wurde. So streute man Lavendelblüten auf den Fußboden, um für gute Luft zu sorgen und auch Ungeziefer zu vertreiben. Obwohl ein Gewächs des Mittelmeerraums, hat der Anbau von Lavendel auch in England eine lange Tradition. Es ist ungewiß, wie er auf die Britischen Inseln gelangte, sicher ist aber, daß er dort wunderbar gedieh und England zeitweilig der größte Produzent feinen Lavendelöls war. Schon im 17. Jahrhundert begann William Yardley, seine Seifen mit Lavendelöl zu parfümieren, und er hat damit eine bis in unsere Zeit während Tradition begründet. Man muß sich vorstellen, daß damals die Südhänge Londons von Lavendelfeldern bedeckt waren; im südlichen Stadtteil Battersea erinnert noch heute der Name „Lavender Hill" an diese Geschichte.

Will man sich einen Garten im Cottagestil anlegen, dann darf der Lavendel darin sicher nicht fehlen. Er hat so viele gute Eigenschaften, daß man sie gar nicht alle in Kürze aufzählen kann. Von seinen Heilkräften abgesehen – er wirkt zum Beispiel entspannend und krampflösend –, ist er auch als Duftspender höchst nützlich. Mit ihm allein oder in Kombination mit anderen Duftpflanzen kann man allerlei nützliche Dinge anfertigen: Lavendelsäckchen als Motten- und Insektenschutz und zum Parfümieren der Wäsche, schlaffördernde Duftkissen, Pomander (Duftschalen mit getrockneten Blättern und Blüten) zum Parfümieren von Schlafzimmer oder Bad, Badebeutelchen oder auch Badeöle und Lavendelwasser in allen möglichen Variationen. Als Trockenpflanze ist er zudem ein dekorativer Schmuck für das Haus.

Wegen seines schönen grauen Laubes und seiner hell- oder dunkelvioletten Blüten – es gibt übrigens auch weiß- und rosablühende Sorten – ist der Lavendel eine äußerst wertvolle Gartenpflanze, was die Cottagegärtner wohl wußten. Sie pflanzten ihn oft in der Kombination mit Rosen oder mit Stauden, verwendeten ihn mitunter aber auch als Beeteinfassung, um eine gewisse Ordnung zu erzielen und den in üppiger Fülle wachsenden Stauden Halt zu geben. Nicht vergessen werden darf auch, daß er eine wichtige Bienenweide darstellt.

Ein samtener Wollziest-Teppich, aus dem Zierlauch aufragt

Der Zauber des Cottagegartens

Gertrude Jekyll, die sich ja, wie erwähnt, bei den Cottagegärtnern mancherlei Anregungen für ihre Staudengärten holte, kombinierte Lavendel gern mit anderen graulaubigen Pflanzen, zum Beispiel Heiligenkraut (Santolinen) und Disteln, um einen mediterranen Eindruck zu erzielen. Graulaubige Pflanzen setzte sie auch oft neben Stauden, um deren allzu kräftige Farbtöne abzumildern.

Graulaubige Pflanzen

Graulaubige Pflanzen waren im traditionellen Cottagegarten weniger beliebt, es sein denn, es handelte sich um Salbei, Eberraute oder Heiligenkraut, die als Heil- und Küchenkräuter immer geschätzt und gezo-

gen wurden. Die einzige Graulaubige, die die Cottagegärtner allein wegen ihres dekorativen Werts regelmäßig pflanzten, ist der Wollziest, auch „Lammohren" genannt. Sein wunderschönes silbergraues Laub mit zartem Flaum – die langen, mit unscheinbaren rosa Blüten besetzten Stiele sind weniger attraktiv – nutzte er gern für Schmuckbänder an den Beeten.

Erst mit Gertrude Jekyll sind die graulaubigen Pflanzen im englischen Staudengarten und im „modernen" Cottagegarten in Mode gekommen. Auch Margery Fish hat sich in East Lambrook (Somerset), das sie in den fünfziger Jahren unseres Jahrhunderts angelegt hat, von ihnen bezaubern lassen und einen Teil ihres Gartens mit graulaubigen und weißblühenden Pflanzen als intimen kleinen „Weißen Garten" („The White Garden") gestaltet, der in all dem Grün so silbrig zart schimmert, als sei er das ganze Jahr von der Sonne beschienen.

Wir können davon ausgehen, daß fast alle Graulaubigen Sonnenkinder sind – die graulaubigen Funkien (Hosta), die lieber im Halbschatten stehen, gehören da zu den Ausnahmen – und am besten in einem kargen Boden gedeihen. Deshalb sollten sie auch nicht gedüngt werden. Sie fühlen sich am Rand von Steinplatten oder auf Trockenmauern, die die Sonnenwärme speichern, besonders wohl und entfalten da auch ihre größte Schönheit.

Der Cottagegarten in unserer Zeit

Die schönen alten Cottagegärten, in denen Gemüse, Blumen, Obstbäume und Sträucher sich zwanglos zu einer harmonischen Gemeinschaft verbinden, sind immer seltener geworden. Der dekorative Blumengarten hat den Nutzgarten allmählich verdrängt, zumal der Boden immer teurer und die Grundstücke immer kleiner geworden sind. Nur noch wenige Menschen ziehen ihr eigenes Gemüse und Obst, und selbst in ländlichen Gegenden geht diese Tradition langsam ganz verloren. Auf der anderen Seite zeichnet sich im Zuge einer immer größeren ökologischen Bewußtwerdung und einer steigenden Empfindlichkeit für die Qualität von Obst und Gemüse ein neuer gegenläufiger Trend ab, und es besteht Hoffnung, daß die alte Tradition sich wiederbeleben könnte.

Mit der Bezeichnung „Cottagegarten" verbinden die Menschen heute meist den Gedanken an ein fröhliches Durcheinander farben-

Graulaubiger Schlafmohn *(Papaver somniferum)*, der sich wunderbar versamt

prächtiger Blumen in dichtem Gedränge, so daß kein Fleckchen Erde sichtbar bleibt. Zu den mehr oder weniger kräftigen Farbtupfern gehören typische Cottageblumen wie Fingerhut, Mohn, vor allem der orangefarbig blühende Scheinmohn *(Meconopsis cambrica)*, Sonnenblumen, Sonnenhut, Duftwicken und Stockrosen.

Viele der heute dort anzutreffenden Blumen sind aber keine traditionellen Cottagegartenpflanzen, sondern modernere Züchtungen, sogenannte Prachtstauden, wie wir sie in den kunstvollen Staudengärten bewundern. Der Cottagegärtner seinerseits wählte seine Blumen nicht danach aus, ob sie in Mode waren – er haßte es vielmehr geradezu, sich gut etablierter Lieblingspflanzen zu entledigen, nur weil die Mode gerade andere vorschrieb –, sondern danach, ob sie nützlich oder billig waren.

So mischte er blühende Küchen- und Heilkräuter – Fenchel, Majoran, Thymian, Salbei, Frauenmantel – mit Wildpflanzen aus der freien Natur, oder er wählte kultivierte Pflanzen aus, die sich leicht vermehren ließen. Wenn er eine ausgefallene Pflanze in seinem Garten hatte, so stammte sie sicher aus einem Garten des Landadels und war von einem dort angestellten Gärtner, der sich ein Stückchen der Pflanze mit nach

Hause genommen hatte – Stauden kann man bekanntlich durch Teilung vermehren –, weiter vermehrt und an Nachbarn und Freunde verschenkt worden, bis schließlich die ganze Gegend ein Exemplar besaß. Da der Cottager keine Zeit hatte, sich besonders um krankheitsanfällige Pflanzen zu kümmern, zog er mit Vorliebe starkwüchsige Arten und Sorten. Hier liegt auch der Grund dafür, warum sie in den später oft ganz verwahrlosten Gärten überlebt haben.

Duftende Pflanzen waren besonders beliebt, nicht zuletzt, weil man mit ihrer Hilfe die unangenehmen Gerüche zu überdecken hoffte, die zum alltäglichen Leben der Landwirtschaft gehörten. Waren sie dann auch noch gefüllt, so stiegen sie noch mehr in der Gunst.

Rosen im Cottagegarten

Aus demselben Grund zählten die Gallica-Rosen mit ihren meist dicht gefüllten Blütenköpfen und ihrer breiten Palette an Farbtönen, besonders Purpur und Rot, zu den beliebtesten Rosen im Cottagegarten. Besonders die *Rosa gallica* ‚Versicolor' oder ‚Rosa Mundi' mit ihren zartrosa Blüten, die mit purpurnen Streifen überzogen sind, hatte es den Gärtnern angetan. Sie liebten auch die Zentifolien oder Kohlrosen, die sich durch einen vollen, geradezu betörenden Duft auszeichnen, oder die Alba-Rosen mit ihrem schönen blaugrünen, immer ganz gesunden Laub.

Es würde viel zu weit führen, hier ausführlich auf die verschiedenen Rosenarten und -sorten einzugehen. Daß die alten Strauchrosen wiederentdeckt worden sind, haben wir sicher auch den Cottagegärtnern zu verdanken, die es so wunderbar verstanden, Rosen und Stauden zu kombinieren. Die vielen so altmodisch anmutenden Rosengärten, die in unserem Jahrhundert von großen Gartenkünstlern und -künstlerinnen angelegt worden sind, führen uns vor Augen, daß die Schönheit der Rosen erst durch die in Farben und Formen fein abgestimmten Begleitpflanzen zu voller Wirkung kommt. Allmählich begreift man auch bei uns, daß das typische, über Jahrzehnte so beliebte Rosenbeet, in dem meist moderne Rosen in kräftigen Farben wie Soldaten aufgereiht mit nackten Füßen nebeneinanderstehen, im Vergleich zu einem englischen Rosenbeet, in dem sich meist alte Rosen und Stauden mischen, eintönig, manchmal geradezu trostlos wirkt.

Der Zauber des Cottagegartens

Begleitpflanzen zu Rosen

Die Verwendung von Begleitpflanzen zu Rosen – damit sind nicht nur Stauden, sondern auch einjährige Sommerblumen sowie Kräuter, Kletterpflanzen, Zwiebelgewächse und Gehölze gemeint – hat aber nicht nur ästhetische, sondern auch ganz praktische Gründe. Monokulturen sind, wie wir aus vielen Berichten über die Weltwirtschaft wissen, nach Möglichkeit zu vermeiden, da sie den Boden auslaugen und sich schädliche Mikroorganismen, die Krankheiten verursachen, ungehindert ausbreiten können. Kombiniert man also Rosen mit anderen Pflanzen, so erzielt man einen ausgewogenen Nährstoffhaushalt im Boden, da die

unterschiedlichen Pflanzen dem Boden verschiedene Nährstoffe abgeben oder entnehmen, und wirkt zudem der Rosenmüdigkeit, einer häufigen Rosenkrankheit, entgegen. Auch blühen viele gerade der alten Rosen nur einmal jährlich, so daß das Beet mit einer schönen Begleitpflanzung das ganze Jahr über seine Farbe behält.

In diesem Zusammenhang wird man sagen müssen, daß die Cottager sicher genau wußten – wenn sie es auch nicht so ausgedrückt hätten –, daß eine solche abwechslungsreiche Bepflanzung auch mit duftenden Pflanzen, die die Insekten anziehen, für ein ökologisches Gleichgewicht im Garten sorgt und ein gesundes, kräftiges Wachstum garantiert.

Nur ein gesunder Boden bringt auch gesunde, gegen Krankheiten widerstandsfähige Pflanzen hervor; deshalb spielt die Bodenvorbereitung und -pflege eine so wesentliche Rolle. Gerade für Rosen sollte man besonders gute Bodenbedingungen schaffen, da sie aufgrund verschiedener, zum Teil in ihrer Bedeutung noch nicht geklärter Ursachen wie Luftverschmutzung, zu hohem Schwefelgehalt der Luft oder der weitverbreiteten Stickstoffdüngung immer anfälliger werden für Pilzkrankheiten, Viren und Schadinsekten. Für diese Blumen sollte man also dem Boden große Mengen organisches Material wie gut verrotteten Stallmist oder Gartenkompost, nicht aber Torf einarbeiten. Übrigens sollte der Boden nicht, wie so oft gesagt wird, schwer sein, sondern vielmehr leicht, was man, hat man einen schwereren Boden, mit einer Beimischung von Sand oder Kies selbst ausgleichen kann. Auf solche Weise wird die Drainage verbessert, denn Staunässe ist den Rosen zuwider.

Da die alten Rosen im Lauf der Zeit auch die Herzen der deutschen Gartenliebhaber erobert haben, bieten immer mehr Zuchtbetriebe alte Arten und Sorten an. Inzwischen ziehen auch viele Gartenarchitekten die alten Rosen nicht nur aus ästhetischen, sondern auch aus praktischen Gründen den modernen vor, da sie durchweg widerstandsfähiger zu sein scheinen.

Vor ein paar Jahren ist ein wunderbares Buch über alte Rosen und ihre vielfältigen Verwendungsmöglichkeiten erschienen, *Gärtnern mit alten Rosen* von John Scarman. Jedem, der altmodische Rosen liebt und der sich selbst vielleicht einen romantischen Rosengarten im Cottagestil anlegen möchte, ist es wärmstens zu empfehlen. Der Autor hat eine eigene Rosenschule gegründet, in der er sich besonders der vergessenen Sorten annimmt. In seinem Buch beschreibt er anhand vieler schö-

Frauenmantel, der seine Blätter wie Regenschirme aufgeklappt hat

ner Abbildungen eine große Zahl alter Rosen, die zu ziehen er für besonders empfehlenswert hält, und er führt vor, wie vielfältig und abwechslungsreich sich Rosen und Stauden kombinieren lassen. Die Begleitpflanzen unterteilt er dabei in drei Hauptgruppen, in „Pflanzen derselben Farbgruppe wie die der Rosen, in Pflanzen von komplementärer oder kontrastierender Farbe (meist Blau-, Gelb-, Grau- oder Grüntöne) und in strukturgebende Pflanzen mit einer stärkeren Senkrechtbetonung, mit unterschiedlicher Beschaffenheit der Blätter oder mit spitzen Blütenständen, um der Rabatte Höhe und Reiz zu verleihen".

Unter den Pflanzen, die Scarman mit Rosen kombiniert, sind auch viele alte Cottagegartenpflanzen, wie zum Beispiel der Storchschnabel (Geranium) mit seinen zarten kleinen Blüten in Rosa-, Blau- oder Weißtönen. Da er Schatten verträgt, schmiegt er sich gern an die Füße der Rosen oder wächst geradezu in sie hinein, um vorwitzig wieder zwischen den Blütenköpfen hervorzuschauen. Selbst wenn er schon verblüht ist, bieten seine zarten, mehr oder weniger zerteilten hahnenfußartigen Blätter noch einen hübschen Anblick. Und wenn sich sein Laub dann sogar noch rot färbt, wie das bei dem *Geranium magnificum* der Fall ist, haben wir lange nach der Blüte noch spät im Jahr eine Freude. Diese verhältnismäßig hohe, starkwüchsige Art mit ihren großen leuchtend blau-violetten Blütenschalen ist ein wunderbarer Begleiter für alle weißen, gelben oder rosa Strauchrosen.

Ähnliche Qualitäten wie der Storchschnabel besitzt auch der Frauenmantel (*Alchemilla mollis*), der inzwischen schon beinahe zu einer Modepflanze geworden ist. Wie das beliebte Schleierkraut ist er mit seinen duftigen kleinen, wenn auch etwas kräftigeren Blüten für Rosen und Stauden ein unvergleichlich zarter schmückender Begleiter. Die gelb-lindgrünen Blütchen passen ideal zu weißen, pastellfarbenen oder gelbgetönten Rosen, aber auch mit kräftigen Rottönen läßt er sich bestens kombinieren. Zu seinem Liebreiz tragen ferner die wolligen graugrünen Blätter bei, die der Pflanze einen unschätzbaren Gartenwert geben. Sie sehen nämlich wie lauter mehr oder weniger aufgeklappte Regenschirme aus, und ihr gezackter Rand erinnert an die Umhänge älterer Damen der Jahrhundertwende. Darum paßt er auch so gut in den Cottagegarten. Der Frauenmantel ist äußerst genügsam, er mag Sonne und Halbschatten, und er sät sich überall aus, wenn man ihn nur in Frieden läßt. Besonders gern setzt er sich in die Fugen zwischen Pflastersteinen, wo man ihn unbedingt stehen lassen sollte, denn er bringt seine Schönheit da am wirkungsvollsten zur Geltung, wo er über verwittertem Stein seine Blätter ausbreiten und seinen zarten Blütenschaum ausgießen kann.

Dem Frauenmantel sollten wir viele Plätze im Garten einräumen, vor allem in der Nähe des Hauses am Rand der Terrasse oder vielleicht zu Füßen der dort aufgestellten Terrakottatöpfe, damit wir am frühen Morgen das Glitzern und Funkeln der Tau- oder Regentropfen bestaunen können, die sich in der Nacht auf den pelzigen Blättern gesammelt haben und dort wie winzige Perlen lange liegenbleiben. Wenn übrigens die alten, mit der Zeit nachgedunkelten Blätter direkt nach dem Verwelken der Blüten bis auf den Boden zurückgeschnitten werden, erscheint in kurzer Zeit neues frischgrünes Laub, so daß man bis zum Herbst seine Freude an ihm hat.

Auch mit duftenden Nelken, zum Beispiel der altmodischen weißblühenden Sorte *Dianthus* ‚Mrs Sinkins', oder mit niedrigen Glockenblumen lassen sich Rosen wunderbar unterpflanzen. Glockenblumen gibt es in großer Vielfalt, in Weiß-, Rosa- und Blautönen, höher und niedriger wachsende, und mit großen oder kleinen Blütenschalen. Auch die hohen passen übrigens gut zu pastellfarbenen Rosen – entweder als Hintergrund oder zwischen die Rosenbüsche gesetzt. Für diesen Zweck besonders geeignet sind die Riesendoldenglockenblumen *Campanula lactiflora* ‚Prichard's Variety' mit hellblauen Blütendolden oder die zart rosablühende Sorte ‚Loddon Anne'. Ein traditioneller Rosenbegleiter im Cottagegarten ist schließlich die zweijährige Marienglockenblume, die an aufrechten kegelförmigen Blütenständen große blaue, weiße oder rosafarbene Glocken trägt.

Zu den das Bild strukturierenden, die Senkrechte betonenden Begleitpflanzen gehören natürlich der Rittersporn, der Fingerhut und die Lupinen mit ihren kegelförmigen und der Zierlauch mit seinen kugeligen Blütenständen. Sie alle kann man in Gruppen zwischen oder hinter die Rosen setzen oder aber auch als Einzelexemplare aus den Rosenbüschen herauswachsen lassen. Eine weitere, ganz andere mögliche Kombination ist die mit Rankpflanzen – wunderbar nimmt sich etwa eine Clematis aus, die in eine Rose hineingewachsen ist.

Der Farbkombinationen sind unzählige, gerade mit den Lupinen, die so reich an klaren und an gebrochenen Farbtönen sind. Unter den mittelhohen Stauden, die wunderbar mit Strauch- oder Beetrosen aussehen, dürfen Spornblume, Lichtnelke, Sterndolde und Katzenminze die ersten Plätze beanspruchen. Die karminroten Doldenblüten der Spornblume nehmen sich prächtig neben den ungefüllten rosa-weißen Blütenbüscheln der Rose ‚Ballerina' aus, die auch in den kleinsten Garten paßt und noch dazu mehrmals im Jahr blüht. Auch die Spornblume blüht ja immer wieder nach, wenn man ihre verblühten Triebe an den Blattachseln herausschneidet. Es gibt aber auch eine weißblühende Sorte, die vor allem für weiße Rosen, etwa für das beliebte ‚Schneewittchen', ein zarter Begleiter ist. Wenn sich die Spornblume in einem Garten wohl fühlt, dann sät sie sich überall aus, besonders gern in Mauer-

Rittersporn in einem zarten Blauton

und Pflasterfugen, da sie die Wärme liebt. Das gleiche gilt für die Lichtnelken. Auch sie versamen sich reichlich, und jedes Jahr erscheinen ihre hübschen grauen Blattrosetten an immer neuen sonnenbeschienenen Plätzchen. Sich selbst versamende Pflanzen dürfen im Cottagegarten niemals fehlen, da gerade sie durch ihr zufälliges, nicht geplantes Auftreten zu dem gewünschten natürlichen Aussehen des Gartens beitragen.

Auch die Katzenminzen sollen als duftige blaublühende Rosenbegleiter nicht unerwähnt bleiben. Wie Lavendel eignen sie sich gut als Beeteinfassung für Rosen oder Stauden. Eine besonders schöne Sorte, die sich nicht so leicht umlegt, ist *Nepeta faassenii* ‚Six Hills Giant' mit lavendelblauen Blüten. In großen Gruppen gepflanzt, kommt ihre feine Schönheit zu großer Wirkung.

Kräuter

Damit sind wir bei den Kräutern angelangt. Daß sie nicht nur nützlich sind, sondern auch höchst dekorativ sein können, haben die Cottagegärtner wohl gewußt, die sie gerne zwischen ihre Blumen setzten. Bezaubernd sind sie nicht so sehr wegen ihrer Blüten, sondern vor allem wegen ihrer meist attraktiven aromatischen Blätter, die sich so schön in gemischten Rabatten aus Rosen, Stauden, Zwiebelpflanzen und Gehölzen, den sogenannten „mixed borders", ausnehmen. Vor allem die zart gefiederten, nadeligen oder silbern schimmernden Blätter von Artemisien, Heiligenkraut, Raute, Salbei und Rosmarin haben es den Gärtnern von jeher angetan, weil sie sich so nuanciert und reizvoll mit allen Pastelltönen der Stauden und Rosen verbinden, allzu kräftige Farbeffekte abmildern und so Ruhe in ein Beet bringen. Da die Kräuter auch bei uns immer beliebter werden, kann man inzwischen in guten Staudenbetrieben auch ausgefallenere Sorten finden.

Von dem altvertrauten Küchensalbei *Salvia officinalis* gibt es eine besonders dekorative Sorte mit sehr breiten flaumigen, graublauen Blättern: ‚Berggarten', eine Pflanze mit rundem, kompaktem Wuchs. Die purpurblättrige Sorte ‚Purpurascens' läßt sich besonders gut mit Lavendeltönen kombinieren, während ‚Icterina' mit ihren heiteren zitronengelbgrün panaschierten Blättern die Wirkung von Nachbarpflanzen des gleichen Farbspektrums noch erhöht. Da die beiden letztgenannten feuch-

Der Zauber des Cottagegartens

te Winter gar nicht gern mögen, kann man mit ihnen Pech haben – aber ihre Schönheit lohnt doch immer einen neuen Versuch. Auch von dem bekannten Küchenkraut Origano gibt es viele attraktive Sorten, zum Beispiel ‚Thumbles Variety' mit niedrigem gelbgrünem Blattschmuck und zartrosa Blüten, was wunderbar zu Frauenmantel und zu graulaubigen Pflanzen wie Thymian paßt.

Thymian wiederum, von dem es zahlreiche Arten und Sorten gibt, hat einen niedrigen kriechenden Wuchs und liebt die Sonne sehr; daher eignet er sich nicht zur Randbepflanzung für eine Strauchrabatte, weil er dort allzuleicht überwuchert und beschattet wird. Gut läßt er sich hingegen als Bodendecker im Kräutergarten verwenden. Er fühlt sich auch im Steingarten wohl und kriecht am liebsten in Mauer- und Pflasterfugen, wenn man ihn gewähren läßt.

Mit dem abwechslungsreichen Laubschmuck der Kräuter lassen sich also vom Frühjahr bis zum Spätherbst die vielfältigsten Gartenbilder schaffen, ob man sie nun die harten Ränder von Terrassen umschmeicheln, sich in Pflasterfugen ausbreiten, in Terrakottatöpfen die kräftigen Farben der Sommerblumen ausgleichen oder ihren filigranen

Schmuck ganz allein zur Schau stellen läßt, zum Beispiel mit der Edelraute *Artemisia schmidtiana* ‚Nana'. In keinem Cottagegarten dürfen sie fehlen, gerade weil sie mit ihren in Farben und Größen unaufdringlichen Blüten die Natürlichkeit der Anlage unterstreichen.

Die Bedeutung des Laubs

Immer wieder wurde das Laub der Pflanzen erwähnt – weshalb es so wichtig ist, läßt sich an englischen Gärten gut studieren. Gerade in einem kleinen Garten wird man bald feststellen, daß ihn seine unterschiedlichen Farben, Formen und Texturen auch dann noch schön erscheinen lassen, wenn Stauden, Rosen und Gehölze schon verblüht sind. Die duftenden, pastellfarbenen alten Rosen blühen im Jahr zwar nur einmal – aber ehe wir auf ihren unvergleichlichen Charme verzichten und statt ihrer nur moderne Sorten in den Garten nehmen, sollten wir ihnen vielleicht lieber mit langlebigen grau-silbernen, blaugrünen und weiß- oder gelbgrün panaschierten Blättern Leben und Farbe geben. Es ist immer wieder verblüffend zu beobachten, wie wenig Licht gerade die silbrigen und panaschierten Pflanzen benötigen, um auch an einem trüben Regentag ihre Leuchtkraft zu entfalten.

Neben den Kräutern mit ihrem dekorativen Laub gibt es auch sogenannte Blattschmuckstauden, von denen wenigstens ein paar genannt werden sollen. Ganz wertvoll ist da zuerst die Wolfsmilch, von der inzwischen immer mehr Arten und Sorten angeboten werden. Besonders eindrucksvoll ist die *Euphorbia characcias* mit gelbgrünen Blüten, die schon im März an straff aufrecht wachsenden Stielen mit schmalen graugrünen Blättern erscheinen. In Einzelstellung vor eine Mauer plaziert oder auf kargem Boden mit sonnenhungrigen Stauden oder Kräutern kombiniert, ist sie das ganz Jahr über eine Augenweide. Wundervoll ist auch die rotblättrige Art mit gelben Blüten, *Euphorbia dulcis* ‚Chamaeleon', die in voller Sonne stehen sollte, damit sie nicht vergrünt. Sie ist ein eleganter Begleiter für dunkelrot blühende, aber auch für graulaubige Stauden.

Des weiteren sind die Funkien (Hosta) in ihren vielen Formen zu nennen, mit fast blauen, frischgrünen, weiß oder gelbgrün panaschierten Blättern, die rund, spitz und gewellt sein können. Im Schatten oder Halbschatten erfüllen sie den Garten vom Frühling bis in den Herbst,

Die Wolfsmilch rahmt wie eine Skulptur den Eingangshof ein.

wenn sich ihre Blätter gelb färben, mit Leben. Auch als dekorative Topfpflanzen sind sie vorzüglich geeignet. Sie wirken elegant, ja großartig, wenn sie im Sommer ihre lilafarbenen oder weißen trichterförmigen Glockenblüten an lang aufragenden Stielen öffnen. Leider gehören sie zu den Lieblingsspeisen der Schnecken.

Im Gegensatz zu den Funkien, die sich im Herbst ganz in den Boden zurückziehen, haben die Bergenien winterbeständige ledrige Blätter, die sich je nach Sorte im Herbst in ein herrliches Rot färben. Mit den großlaubigen Bergenien lassen sich wundervolle Kontraste zu Stauden und Gehölzen mit kleinen filigranen Blättern erzielen. Sehr schön wirkt diese Pflanze auch als Bodendecker unter Bäumen, zum Beispiel unter der Zierbirne *Pyrus salicifolia* ‚Pendula', die ihre mit kleinen grauen Blättern besetzten Zweige girlandenartig zum Boden neigt. Wenn sich die großen Bergenienblätter im Herbst rot färben und im Frühjahr Schneeglöckchen und später weiße Narzissen zwischen ihnen emporspähen, ist uns eine Pflanzenkombination gelungen, die das ganze Jahr über Freude bereitet.

Immergrüne Pflanzen

Da ein Garten aus Stauden, Rosen und Gehölzen auch im Winter so schön aussehen soll, daß man ihn gerne betrachtet, dürfen die Immergrünen – Stauden und Gehölze – in ihm nicht fehlen. Mit Koniferen sollte man sehr zurückhaltend sein, da sie gerade den kleinen Garten dunkel und schwer machen. Viel reizvoller sind Bäume und Sträucher von auffallender Wuchsform, wie der in Etagen wachsende Pagoden-Hartriegel *Cornus controversa*, oder solche mit ausgefallener Rinde, wie die Kletterhortensie *Hydrangea petiolaris* mit ihrer sich abschälenden rotbraunen Rinde, oder solche mit hübschen Beeren unterschiedlicher Farbe (zum Beispiel der Gemeine Schneeball, *Viburnum opulus*, mit auffällig orangeroten Beeren), worunter manche sind, an denen sich auch die Vögel erfreuen. Natürlich kann man ebenso mit schönen Samenständen und vergilbenden Gräsern gerade im Schnee die schönsten Wintergartenbilder schaffen.

Unter den immergrünen Laubgehölzen gibt es eine Menge kleiner Sträucher, die in den Cottagegarten passen. Denken wir nur an die Skimmien und Stechpalmen (Ilex) mit ihren kräftig roten Beeren, an die Pfaf-

Eine kompakte Buchskuppel mit zarten Spornblumen im Vordergrund

fenhütchen mit ausdauerndem grünem oder panaschiertem Laub, an den Immergrünen Schneeball *(Viburnum tinus)* mit seinen rosa-weißen Winterblüten oder an den bereits erwähnten Buchsbaum.

Buchsbaum gibt es in vielen Variationen – hohe und niedrige, dicht und locker verzweigte, aufrechte und zu Boden sich neigende Formen mit grünen und panaschierten, mit großen und mit kleinen Blättern. Im Zusammenhang mit dem Cottagegarten und dem kleinen Hausgarten interessiert am meisten der kleinblättrige gewöhnliche Buchsbaum *(Buxus sempervirens var. arborescens),* der zwar eine Höhe von acht Metern erreichen kann, meist aber kleiner gezogen wird und sich vorzüglich zum Formschnitt eignet. Für Beet- und Wegeinfassung wird jedoch die Sorte ‚Suffroticosa' bevorzugt. Buchs ist eine der wertvollsten Gartenpflanzen, äußerst winterhart (nur wenn man ihn in Töpfe pflanzt, kann er im Winter erfrieren) und fühlt sich an sonnigen Standorten ebenso wohl wie an schattigen. Da er niemals seine Form und Farbe verliert (natürlich muß er regelmäßig beschnitten werden), gewinnt er gerade im Winter sehr an Bedeutung, wenn in einer kahl gewordenen Umgebung alle Formen, in die man ihn gebracht hat (Wegeinfassungen, alleinstehend als Kugeln oder Kegel usw.), mit besonderer Deutlichkeit in ihrer Eigenart hervortreten. Dann übernimmt er die Funktion, die Strukturen des Gartens sichtbar zu machen und zu akzentuieren.

Von zweien seiner möglichen Verwendungen soll noch kurz gesprochen werden. Der Buchsbaum eignet sich vorzüglich als Hecke – freilich wächst er langsam, und man braucht Jahre, um ihn auf die gewünschte Höhe zu bringen. Hat er sie aber einmal erreicht, dann kann man die einzelnen Pflanzen ihrer Wuchsform entsprechend so schneiden, daß sie zusammen ein wie aus Stein gehauenes Wellenband bilden. Eine solche Grundstückseinfassung ist spektakulär; manches alte Cottage, das dahinter hervorlugt, scheint sich hinter seinem Wall verstecken zu wollen.

In England hat der Formschnitt eine lange Tradition. Er wurde schon in römischer Zeit als „ars topiaria" praktiziert. „Topiary" ist die Kunst, den Buchsbaum (auch die Eibe eignet sich dazu) in alle möglichen, auch sehr große Formen zu schneiden, wobei der Phantasie keine Grenzen gesetzt sind. In manchen Gärten stehen nur einzelne solcher Figuren, oft skurril erdacht, Figuren von Menschen, Tieren und den verschiedensten Gegenständen, aber es gibt auch Anlagen, in denen ein ganzer Gartenraum von derartigen Figuren bevölkert ist. So kann man zum Beispiel in dem 1692 entworfenen Levens Hall (Cumbria) eine ganze Landschaft voller riesiger alter Buchs- und Eibenfiguren durchwandern, die inmitten von Beeten, bepflanzt mit Frühjahrs- und Sommerblumen und wieder von Buchs eingefaßt, aufragen. Solche Gärten sind zwar Raritäten, aber sie gehören zum Bild des englischen Gartens, und man kann dessen Spannweite ermessen, wenn man einmal alle Formen bedenkt, die sich zwischen dem Landschaftspark und dem Topiary-Garten finden lassen.

Die Engländer und ihre Gärten

Zum Abschluß unserer Wanderungen durch die englischen Gärten wollen wir noch einen Blick auf das englische Gartenleben werfen, das heißt auf den Platz, den der Garten im Leben der Engländerinnen und Engländer einnimmt und wie sie mit ihm umgehen. Und da werden wir feststellen – aber vielleicht wußten wir das ja längst –, daß dieser Platz ebenso im Alltag wie am Feiertag ganz außerordentlich groß ist – wie anders wäre es auch zu erklären, daß wir englische Romane und Filme wie die von Rosamunde Pilcher, die ja in erster Linie von anderem handeln als von Gärtnerei, nämlich von den verschiedensten Lebensschicksalen in unserer Zeit, zum Anlaß nehmen konnten, uns so eingehend mit der Geschichte und den Eigenarten des englischen Gartens zu beschäftigen?

In der Tat gehört der Garten in diesem Land zu den am weitesten verbreiteten und am gründlichsten betriebenen Leidenschaften, sei es am Feierabend, sei es als Hobby oder als Sonntagsvergnügen. Unübersehbar groß dürfte die Zahl derer sein, die nach dem Ende ihrer beruflichen Tätigkeit den Garten zu ihrem Betätigungsfeld gemacht haben.

Alles, was wir bisher betrachtet haben, fließt in den Gesichtern, die diese Leidenschaft annimmt, zusammen. Die Arbeit am eigenen Garten, dessen Gestaltungsformen so unendlich vielfältig sind und der in Eng-

Zu den aufragenden Lupinen ist die Vogelscheuche ein dekorativer Begleiter.

land von erstaunlicher Pflanzenkenntnis und einem erfahrenen Sinn für Schönheit zeugt, ist nicht vorstellbar ohne die lebenslange regelmäßige Anschauung, ohne die Kenntnis der großen und kleinen Gärten, die über das ganze Land verteilt zur Besichtigung stehen und regelmäßig besucht werden. Neben den großen berühmten Anlagen aus allen Epochen, von rekonstruierten mittelalterlichen über solche der Renaissance und des Barock bis zu den modernen, gibt es buchstäblich unzählige mittelgroße und kleine bis winzige, meist private Gärten, von denen manche nur an ein paar Tagen des Jahres geöffnet sind.

Ein verbreiteter Führer, der jährlich erscheinende *Good Gardens Guide*, weist über tausend Gärten in Großbritannien und Irland aus und vermerkt eigens, er treffe seine Auswahl nur unter den besten Gärten des Landes. Ein anderes, noch verbreiteteres und ebenfalls jährlich neu herausgebrachtes Buch, *Gardens of England and Wales*, verzeichnet über 3500 Privatgärten. Beide Bände machen detaillierte Angaben, welche Art von Pflanzen in welchen Wachstumsbedingungen da jeweils zu sehen sind.

In zahlreichen dieser Gärten, besonders natürlich in den berühmten großen, sieht man so jahraus, jahrein, Tag um Tag Interessierte, häufig ältere Damen, zwischen den Pflanzen umherwandern und sie gründlich inspizieren, wohl auch einmal mit einem der Gärtner ein Fachgespräch führen, Notizen machen. Dem *Good Gardens Guide* zufolge zählt man über sechs Millionen Besucher im Jahr. In vielen Gärten sind zumindest Tee und Cookies zu haben, die größeren haben alle ein Restaurant, und man kann natürlich auch Pflanzen oder einen Plan des Gartens erwerben – wenn nicht sogar ein größerer Laden alles mögliche bereithält, was mit dem Garten zu tun hat. An Sonn- und Feiertagen finden diese Orte größten Zulauf, und nicht selten ergeben sich spontan vor einem Beet oder einer einzelnen Pflanze Gespräche, in denen Besucher ihre Erfahrungen austauschen und sich gegenseitig anregen und beraten. Die Gärten gehören in England also zu den Orten, die „man" besichtigt, die man kennen möchte, die ganz selbstverständlich auf dem Programm stehen wie Burgen, Schlösser und Museen; und so stehen viele von ihnen auch unter dem Schutz des National Trust, dieser großartigen Einrichtung, die soviel wie möglich von dem kostbaren Kulturerbe des Landes bewahren will, wo die Eigentümer dazu nicht mehr in der Lage sind.

Mit einem solchen Erfahrungshintergrund wirkt man dann auf dem eigenen Grundstück. Natürlich kann und will man sich zu Hause kein kleines Sissinghurst, Lanhydrock oder Trelissick schaffen, aber man hat Bilder von Schönheit vor Augen, die bei der Planung und Pflanzen-

Der Zauber des Cottagegartens

auswahl anleiten. Vom Austausch von Pflanzen unter Nachbarn und Freunden war schon die Rede; und die Gespräche von Gärtner zu Gärtner finden auch über den Gartenzaun statt. An einem Wochenende im Sommer sind sicher einmal alle Gärten eines kleinen Ortes auch für Auswärtige zur Besichtigung offen, und sie finden regen Zuspruch. Wer nach der Formel „Bed & Breakfast" durch das Land reist, kann oft der Hausfrau oder dem Hausherrn bei der Gartenarbeit zusehen, und als Frucht eines guten Gesprächs findet man wohl auch einmal ein Tütchen mit einem besonderen Samen morgens auf dem Frühstückstisch neben seiner Teetasse.

Wie versorgt sich der englische Gärtner nun mit den gewünschten Pflanzen, wenn er sie weder vom Nachbarn noch bei seinem letzten Ausflug bekommen konnte? Für eine bestimmte Art ist er vielleicht Mitglied in einem Club (so gibt es die Freunde der Christrosen, der Veilchen, der Funkien, der Schneeglöckchen usw.). Weitere Arten und Sor-

ten besorgt er sich in den „Nurseries", großen und kleinen Betrieben, die Pflanzen, Erde, Pflanzgerät und dergleichen verkaufen und in den meisten Fällen, wie nicht anders zu erwarten, auf ein ganz bestimmtes Angebot spezialisiert sind. Der *Plant Finder* der „Royal Horticultural Society" (auch er erscheint jährlich) listet immerhin 65 000 Pflanzen mit Bezugsquellen auf – um etwa alle verfügbaren Sorten von Primeln zu verzeichnen, braucht er fast vierzehn Seiten in zweispaltigem Druck. Ein *Guide to the Specialist Nurseries and Garden Suppliers in Britain and Ireland* nennt über siebenhundert Betriebe.

Nun kann ja kein Mensch alle diese Pflanzen kennen und entscheiden, welche für seinen Zweck die geeigneten sind. Was man in den besuchten Gärten nicht gesehen hat, kann man vielleicht in den „Nurseries" betrachten oder natürlich in dem großen Mustergarten der „Royal Horticultural Society" in Wisley (Surrey). Eine Übersicht über das Neueste und Schönste an Sorten und Züchtungen, aber auch kleine, von renommierten Gartenarchitekten eigens geschaffene Musteranlagen zeigt die jährliche „Chelsea Flower Show" in London, die von Abertausenden von Menschen aus England, aber auch aus ganz Europa besucht wird.

Der Garten ist also ein wichtiges Stück des englischen Lebens, geliebt und aus täglichem fachmännischem Umgang tief vertraut, und wer Englands Gärten bereist und sich unter ihre Besucher mischt, sammelt nicht nur unschätzbare Erfahrungen für den eigenen Garten zu Hause, sondern lernt auch ein gutes Stück dieses wunderbaren Landes kennen.

TIPS FÜR GARTENREISENDE

Beste Reisezeit und Wetter

Da Cornwall unter dem Einfluß des milden Golfstroms steht, herrschen dort das ganze Jahr hindurch gemäßigte Temperaturen. Die beste Zeit für einen Besuch der Gärten und Parks ist Mai bis September. Dabei gilt natürlich zu beachten, daß die Pflanzen unterschiedliche Blütezeiten haben. So blühen die für Cornwall typischen Rhododendren und die Wiesen voller Glockenblumen bis etwa Anfang Juni. Aber der Gartenfreund wird in dieser vegetationsreichen Region vom Frühling bis zum Herbst gewiß immer auf seine Kosten kommen.

Hilfreiche Adressen

British Tourist Authority
Westendstraße 16-22
60325 Frankfurt/M.
☎ 069-97 112-3
Fax 069-97 112-444

Kostenlose Broschüren und Informationen, auch zu Gärten und Parks. Empfehlenswert: ein Besuch der Website: www.visitbritain.de

National Trust
Cornwall Regional Office
Lanhydrock
Bodmin/Cornwall PL30 5AD
☎ 0044-1208-733 20
Fax 0044-1208-740 84

Unter dieser Adresse können Informationsmaterialien zu Gärten und Parks angefordert werden, die unter der Verwaltung des National Trust stehen. Verschickt eine Englandkarte mit eingezeichneten Gärten sowie den sehr nützlichen „Gardens of Cornwall Open Guide", in dem 74 große und kleine Anlagen beschrieben werden.

Anhang

DACOM Gardens Map
1 Upcott Avenue
Barnstaple, England EX31 1HN
📞 0044-12 71-33 60 65
Fax 0044-12 71-32 84 22

Sendet gratis eine Gartenkarte mit deutschsprachigen Informationen für die Grafschaften Cornwall und Devon zu.

The National Gardens Scheme Charitable Trust
Hatchlands Park
East Clandon
Guildford
Surrey GU4 7RT
📞 0044-14 83-21 15 35
Fax 0044-14 83-21 15 37
Website: www.ngs.org.de

Herausgeber des jährlich erscheinenden Katalogs *Gardens of England and Wales open for Charity*, kurz *Yellow Book* genannt.

„Bed and Breakfast for Garden Lovers"
Handywater Farm
Sibford Gower
Banbury
Oxfordshire OX15 5AE

Die Organisation BBGL gibt einen Prospekt heraus, in dem 100 B&B-Adressen für Gartenfreunde aufgeführt sind. Erhältlich gegen Einsendung eines adressierten A5-Rückumschlags und drei internationalen Antwortscheinen.

Adressen von Parks und Gärten

Die hier genannten Gartenanlagen sind alphabetisch aufgelistet und verteilen sich über ganz Cornwall. Zur besseren Orientierung ist jeweils über dem Namen des Gartens der Ort angeben. Falls Besitzer oder Verwalter um eine Voranmeldung bitten, sollte diesem Wunsch auf jeden Fall nachgekommen werden. Besucher kleinerer Gärten können dann sicher sein, daß sie herzlich willkommen sind. Für Gruppenreisende empfiehlt sich immer eine Anmeldung.
Hinweis zu den Telefonnummern: Vom Ausland aus wählt man für Großbritannien die Landesvorwahl 0044 + die Vorwahl des Ortes ohne Null.

Torpoint
Antony House & Garden
National Trust, Antony House, Torpoint PL11 2QA
☎ 0 17 52-812 191

Öffnungszeiten: 1. April bis 28. Oktober Di-Do, Juni bis August auch So, 13.30-17.30 Uhr (letzter Einlaß 16.45)
Eintritt: $4
Einrichtungen: für Behinderte zugänglich, Tee & Kuchen, WC, Auto- und Busparkplatz

Queen-Anne-Landsitz aus dem Jahr 1721. Die von Humphrey Repton gestaltete, zum Teil im Naturzustand belassene Parklandschaft führt bis zum Ufer des River Lynher. Formal gestalteter Hof, Terrassen, japanischer Teich und Knotengarten. Nationale Hemerocallis-Sammlung mit 500 Arten. 300 Kamelienarten, asiatische Magnolienarten & Rhododendren.

Nicht weit entfernt liegt der

Torpoint
Antony Woodland Garden
Trustees of the Carew Pole Garden Trust, Antony Road, Torpoint PL11 2QA
☎ 0 17 52-814 355 od. 812 364

Öffnungszeiten: 1. März bis 31. Oktober Mo-Sa 11-17.30 Uhr, So 11.30-17.30 Uhr
Eintritt: $2,50, Kinder unter 16 J. frei
Einrichtungen: zum Teil für Behinderte zugänglich, WC, Parkplatz

Alter Waldgarten und natürlicher Wald auf weitläufigem Gelände am Ufer des River Lynher. Über 300 Kamelienarten. Die Anlage besticht nicht nur durch ihre natürliche Schönheit, sondern ist auch für Botaniker von großem Interesse.

St. Ives
Barbara Hepworth Museum & Garden
Trewyn Studio, Barnoon Hill
Museum: Mo-Sa 10-17.30 Uhr

Zu dem Atelier der 1975 verstorbenen Bildhauerin gehört ein wunderschöner, stiller Garten, in dem Skulpturen aus Holz, Marmor und Bronze stehen.

Truro
Bosvigo
Wendy and Michael Perry, Bosvigo Lane, Truro TR1 3NH
(etwa 500 Meter die Dobbs Lane entlang, die von der A390 abzweigt)
☎ & Fax 0 18 72-275 774

Öffnungszeiten: 4. März bis 30. September Do-Sa 11-18 Uhr
Eintritt: $2, Kinder 50p
Einrichtungen: Pflanzenverkauf, zum Teil für Behinderte zugänglich, WC, Parkplatz

Ummauerte Gärten auf einem Anwesen mit georgianischem Haus. Viele Staudenpflanzen mit schönen Farb- und Blatteffekten. Ein Besuch ist besonders im Sommer lohnenswert.

Falmouth
Carwinion
Antony Rogers Esq, Mawnan Smith, Falmouth TR11 5JA
☎ 0 13 26-250 258

Öffnungszeiten: täglich 10-17.30 Uhr
Eintritt: $2, Kinder unter 14 J. frei
Einrichtungen: zum Teil für Behinderte zugänglich, Tee & Kuchen, WC, Pflanzenverkauf, Parkmöglichkeit an der Zufahrt

Adressen von Parks und Gärten

Naturnaher Talgarten mit vielen Kamelien, Rhododendren, Azaleen, Wildblumen, Farnen u.a. Sammlung von etwa 100 Bambusarten. Ein Waldweg führt zum Strand.

St. Germans
Catchfrench Manor Gardens
Mr. & Mrs. J. R. Wilks, Catchfrench, St. Germans PL12 5BY
(von der A38 abzweigen, 5 Meilen östlich von Liskeard)
☎ 0 15 03-240 759

Öffnungszeiten: 1. März bis 3. Oktober (& in den Wintermonaten nach Vereinbarung) Mo-Sa 10.30-16.30 Uhr (letzter Einlaß)
Eintritt: £2,50, Kinder von 5-14 J. £1
Einrichtungen: zum Teil für Behinderte zugänglich, Tea Room, WC, Pflanzenverkauf, Broschüren

Großer historischer Landschaftsgarten, der von dem berühmten Humphrey Repton angelegt wurde. Mit Wein bewachsener Hof. Neu gepflanzter elisabethanischer & Steinbruchgarten. Herrlicher Frühlingsgarten mit Magnolien, Rhododendren, Kamelien & Azaleen.

Saltash
Cotehele
National Trust, Cotehele House, St. Dominick, Saltash PL12 6TA
☎ 0 15 79-351 346
Öffnungszeiten: Garten: täglich 11 Uhr bis Einbruch der Dämmerung; Haus & Restaurant: 27. März bis 31. Oktober 11-17 Uhr (Oktober 16.30); Haus Fr geschlossen; Shop & Tea Room am Kai: 11-17 Uhr
Eintritt: Haus & Gelände £6, Garten & Mühle £3,20, Familien £8; Garten 1. November bis 26. März frei
Einrichtungen: für Behinderte zugänglich, Tee & Kuchen, WC, Pflanzenverkauf, Restaurant & Tearoom am Kai

Großer alter Garten mit einigen steilen Wegen. Narzissenwiese, seltene Bäume & kleine Ahorngewächse. Terrassenförmiger Rosengarten mit Magnolien & Kletterpflanzen. Geschütztes Tal mit Teich, Taubenschlag, Turm (18. Jh.), außergewöhnlichen Sträuchern, Rhododendren & Azaleen. Waldwege führen nach Calstock und zur Cotehele Mill.

Anhang

Truro
Creed
Mr. & Mrs. W. R. Croggon, Creed House, Creed, Grampound, Truro TR4 4SL
☎ 0 18 72-530 372

Öffnungszeiten: 1. April bis 30. September täglich 10-17.30 Uhr
Eintritt: $2, Kinder frei
Einrichtungen: nicht behindertengerecht, Parkmöglichkeit in der Straße neben dem Garten

Reizvoller Landschaftsgarten mit georgianischem Pfarrhaus. Baumsammlung & Rhododendren. Senkgarten mit Alpinpflanzen, ummauerter Garten mit Staudenrabatten. Kleiner Bach, Teiche & Sumpfgelände. Natürliche Waldwege. Der Garten wird seit 1974 restauriert.

Falmouth
Glendurgan Garden
National Trust, Mawnan Smith, in der Nähe von Falmouth TR11 5JZ
☎ 0 13 26-250 906

Öffnungszeiten: 2. März bis 30. Oktober Di-Sa 10.30-17.30 Uhr (letzter Einlaß 16.30)
Eintritt: $3,20, Familien $8,50
Einrichtungen: Tea House, Pflanzenverkauf, WC, Auto- und Busparkplatz

Talgarten in der Nähe des Helford River. Üppige Vegetation mit Rhododendren, Kamelien, Hydrangeas, Glockenblumen, Priemeln, Veilchen, Zedern, Zypressen, Riesenfarne & Palmen. Großes begehbares Labyrinth aus Lorbeerhecken, das vor 150 Jahren angelegt wurde. Siehe auch Seite 70.

Polruan-by-Fowey
Headland
Jean & John Hill, 3 Battery Lane, Polruan-by-Fowey PL23 1PW
☎ 0 17 26-870 243

Öffnungszeiten: Mai bis Juli Do 14-18 Uhr
Eintritt: $1,50, Kinder $1
Einrichtungen: für Rollstühle ungeeignet, WC

Adressen von Parks und Gärten

An der Klippenküste gelegener Garten, der zu drei Seiten vom Meer umgeben ist. Mit Zugang zu einer Badebucht. Hier wachsen Pflanzen & Bäume, die der Gischt & Stürmen standhalten. Kiefern, Baumastern, Eukalyptus, subtropische und wildwachsende Pflanzen.

St. Mawgan Village
The Japanese Garden
Robert & Stella Hore, The Bonsai Nursery, St. Mawgan Village TR8 4ET
☏ 0 16 37-860 116

Öffnungszeiten: täglich 10-17 Uhr (letzter Einlaß)
Eintritt: $2,50, Kinder $1
Einrichtungen: für Behinderte zugänglich (einige Stufen), Pflanzenverkauf, Autoparkplatz, Tee & Kuchen und WC in der Nähe

Garten in einem geschützten Tal nach japanischem Entwurf. Mit vielen Stilmerkmalen des Wasser-, Wandel- & Zengartens.

St. Mawes
Lamorran House
R. & M. A. Dudley-Cooke, Upper Castle Road, St. Mawes TR2 5BZ
☏ 0 13 26-270 800, Fax 270 801

Öffnungszeiten: 1. Aprilwoche bis Ende September Mi & Fr 10-17 Uhr und nach Vereinbarung
Eintritt: $2,50, Kinder frei
Einrichtungen: nicht für Behinderte zugänglich, WC, Pflanzenverkauf, Parkmöglichkeit auf der Straße

Ein mediterraner Garten in Hanglage mit Blick über das Meer und St. Antony's Head. Herrliche Wasseranlagen. Viele Palmen & andere subtropische Pflanzen.

Bodmin
Lanhydrock Park
National Trust, Bodmin PL30 5AD
(ca. 4 km südöstlich von Bodmin, Richtung Lostwithiel)
☏ 0 12 08-733 20

Öffnungszeiten: Garten: Di-So 11-17.30 Uhr; Haus: 27. März bis 31. Oktober Di-So 11-17.30 Uhr; letzter Einlaß 17 Uhr
Eintritt: Haus, Garten & Gelände $6,40, Garten & Gelände (1. März bis 31. Okt.) $3,20, Familien (Haus, Garten & Gelände) $16
Einrichtungen: für Behinderte zugänglich, Tee & Kuchen, WC, Pflanzenverkauf, Restaurant, Auto- und Busparkplatz

Formaler, naturnaher & Waldgarten, mit dessen Anlage 1857 begonnen wurde. Außergewöhnliche Magnolien & viele winterfeste Rhododendron-Hybriden. Zahlreiche ungewöhnliche Bäume & Sträucher. Einzigartiger runder Staudengarten. Hier eröffnen sich herrliche Aussichten, u.a. auf das viktorianische Haus. Siehe auch S. 78.

Falmouth
Lanterns
The Chapman-Hall Familiy, Restronguet, Mylor, Falmouth TR11 5ST
☏ 0 13 26-312 656

Öffnungszeiten: täglich 11 Uhr bis Einbruch der Dämmerung
Eintritt: Spenden willkommen
Einrichtungen: Pflanzenverkauf, begrenzte Parkmöglichkeiten

Kleiner Privatgarten mit vielen verschiedenen Sträuchern, Zwiebelpflanzen, Stauden & mehrjährigen Pflanzen. Wintergarten- & Gewächshauspflanzen. Das Gelände mit kleinen Bächen, Sumpfgebiet & Steingarten ist das ganze Jahr über sehenswert.

Port Isaac
Longcross Victorian Garden
Mr. & Mrs. D. J. Crawford, Longcross, Trelights, in der Nähe von Port Isaac PL29 3TF
☏ 0 12 08-880 243

Öffnungszeiten: täglich 10.30 Uhr bis Einbruch der Dämmerung
Eintritt: $1,40, Kinder 30p
Einrichtungen: für Behinderte zugänglich, Restaurant, Pub, WC, Pflanzenverkauf, Auto- und Busparkplatz

Viktorianischer Garten mit kleinem See, verschlungenen Spazierwegen, Sträuchern & Stauden. Taubenschlag, Kinderspielplatz, Streichelzoo & ein Café, in dem Cream Tea serviert wird.

St. Austell
Lost Gardens of Heligan
Mr. T. Smit (Heligan Gardens Ltd.), Pentewan, in der Nähe von Mevagissey, St. Austell PL26 6EN
☎ 0 17 26-845 100
e-mail: info@heligan.com, Website: www.heligan.com

Öffnungszeiten: täglich 10-18 Uhr (letzter Einlaß 16.30)
Eintritt: Erwachsene $5, Senioren $4,50, Kinder von 5-15 J. $2,50, Familien $14
Einrichtungen: zum Teil für Behinderte zugänglich, Tearoom, Picknickwiese, WC, Pflanzenverkauf, Auto- und Busparkplatz
Eine der größten Gartenanlagen Cornwalls, die seit 1991 aufwendig restauriert wird. Mit Dschungel-Garten, italienischer Gartenanlage, genutztem Küchengarten, Obstbaumplantagen, Grotte, Wunschbrunnen u.v.a. Begleitend zu einer BBC-Fernsehdokumentation ist ein interessantes Buch über die Geschichte des Gartens erschienen. Siehe auch S. 52.

Saltash
Mary Newman's Cottage
c/o The Tamar Protection Society, 48 Culver Road, Saltash
☎ 0 15 79-362 939

Öffnungszeiten: 1. Mai bis 30. September Sa & So 14-16.30 Uhr
Eintritt: $1, Kinder 50p
Einrichtungen: WC, Auto- und Busparkplatz in der Nähe

Cottagegarten mit Sträuchern, Bäumen & Stauden. Ein beschaulicher Ort mit Blick auf den River Tamar und Brunels berühmte Brücke. Mary Newman war Drakes erste Frau.

Torpoint
Mount Edgcumbe House & Country Park
(Cornwall County & Plymouth Councils) Cremyll, Torpoint PL10 1HZ
☎ 0 17 52-822 236, Fax 822 199

Öffnungszeiten: Park und Formal Gardens: täglich geöffnet; Earl's Garden und Haus: 1. April - 17. Oktober Mi-So 11-17 Uhr
Eintritt: Park u. Formal Gardens: frei; Earl's Garden u. Haus: £4, Kinder £2; nur Earl's Garden £2,50
Einrichtungen: für Behinderte zugänglich, Restaurant (geöffnet ab 10.30 Uhr), WC, Pflanzenverkauf, Auto- und Busparkplatz

Der älteste Landschaftspark in Cornwall erstreckt sich bis zum Plymouth Sound. Der Wald und Küstenwege laden zu einem abwechslungsreichen Spaziergang ein. Historische Formal Gardens in englischem, französischem und italienischem Stil. Bäume und Pflanzen aus Neuseeland u. amerikanischer Garten. Der herrliche Earl's Garden umgibt das Herrenhaus aus dem 16. Jahrhundert. Siehe auch S. 46.

Liskeard
Moyclare
Major & Mrs. Philip Henslowe, Lodge Hill, Liskeard PL14 4EH
(an der B3254, ca. 300 Meter südlich der Liskeard Rail Station)
☎ 0 15 79-343 114

Öffnungszeiten: nach Vereinbarung Mitte Februar bis Ende Oktober 13-17 Uhr
Eintritt: £2, Kinder unter 16 J. frei
Einrichtungen: für Behinderte zugänglich, Pflanzenverkauf. Die freundlichen Besitzer bieten auch Bed & Breakfast an.

Alter Garten aus dem Jahr 1927, der von der Nichte des Gründers restauriert wurde. Seltene und außergewöhnliche Pflanzen & Sträucher in großer Variation. Eine Freude für jeden Gartenliebhaber!

Bodmin
The Old Mill Herbary
Mr. & Mrs. R. Drew Whurr, Helland Bridge, Bodmin PL30 4QR
☎ & Fax 0 12 08-841 206

Öffnungszeiten: 1. April bis 30. September täglich außer Mi 10-17 Uhr
Eintritt: £2,50, Kinder £1
Einrichtungen: WC, Pflanzenverkauf

Halb verwilderte terrassierte Gärten mit Wald, kleiner Baumschule und einem Spazierweg entlang dem River Camel. Sumpfgarten, Brunnen & Fischteich. Kamillenrasen, Sträucher & Kletterpflanzen. Ungewöhnliche Küchen-, Heil- & Duftkräuter. Die hier wachsenden Liebeskräuter sollen angeblich zu Fruchtbarkeit verhelfen.

Penzance
Penberth
Lady Banham, Penberth, St. Buryan, in der Nähe von Penzance TR19 6HJ
Kontakt: bitte nur schriftlich

Öffnungszeiten: nur nach schriftlicher Voranmeldung
Eintritt: $2, Kinder 50p<
Einrichtungen: zum Teil für Behinderte zugänglich, Cream Teas, WC, Pflanzenverkauf, Parkplatz in der Nähe

Außergewöhnlicher, spektakulärer Garten in einem Felstal, der bis zum Meer hinabreicht. 1922 vom Großvater der heutigen Besitzerin angelegt. Kamelien, Azaleen & andere Sträucher zwischen großen Felsblöcken. Bach & zahlreiche Sumpfpflanzen.

Bodmin
Pencarrow House & Gardens
The Molesworth-St. Aubyn Familiy, Washaway, Bodmin PL30 3AG
(6 km nordwestlich von Bodmin, nahe Washaway)
☏ 0 12 08-841 369

Öffnungszeiten: 1. April bis 15. Oktober täglich 13.30-17.00 Uhr
Eintritt: Gärten & Haus $4, Kinder $2; Gärten & Pflanzengeschäft $2, Kinder frei
Einrichtungen: für Behinderte zugänglich, Tee & Kuchen, WC, Pflanzenverkauf, Auto- und Busparkplatz

Alte formale & Waldgärten, spezialisiert auf Einzelkoniferen, Rhododendren (über 680 Arten & Hybriden) & Kamelien. See, italienische Gärten & großer Granitsteingarten. Besucher erhalten auf Anfrage eine höchst informativen Gartenplan.

Hayle
Penpol House
Major & Mrs. T. F. Ellis, Penpol Avenue, Hayle TR27 4NO
☏ 0 17 36-753 146

Öffnungszeiten: nur nach Vereinbarung 1. Juni bis 1. August täglich 14-18 Uhr
Eintritt: $2, Kinder 50p
Einrichtungen: für Behinderte zugänglich, WC, Auto- und Busparkplatz.

Hinreißender altmodischer Garten mit Rittersporn, Rosen, Schwertlilien, Staudenrabatten & Kletterrosen. Umfriedeter Garten mit Teich. Der Gartenfreund findet hier zahlreiche Anregungen.

St. Austell
Pine Lodge Gardens
Shirley & Ray Clemo, Cuddra, St. Austell PL25 3RQ
☏ 0 17 26-735 00

Öffnungszeiten: April bis September Mi-So 14-17 Uhr
Eintritt: $3,50, Kinder $1,75
Einrichtungen: für Behinderte zugänglich, Tee & Kuchen, WC, Verkauf seltener und außergewöhnlicher Pflanzen, Auto- und Busparkplatz

Schöne Parkanlage mit See, auf dem schwarze Schwäne ziehen, & Wald. Die Pflanzen sind mit Schildern versehen. Pinetum, Arboretum, Teich mit Tieren, Sträucher, Stauden & Sumpfgarten. Hier wachsen über 6000 seltene Pflanzen. Ein japanischer Garten befindet sich im Aufbau.

Helston
Poldowrian
Mrs. P. Hadley, Coverack, Helston TR12 6SL
☏ 0 13 26-280 468

Öffnungszeiten: 1. April bis 31. Juli nur nach Vereinbarung
Eintritt: Spenden willkommen
Einrichtungen: zum Teil für Behinderte zugänglich, Pflanzenverkauf

Ein faszinierender Waldgarten mit herrlichen Ausblicken auf Tal & Klippen. Viele Kamelien & Rhododendren. Teich, prähistorische Stätten & Museum.

Padstow
Prideaux Place
Mr. & Mrs. J. N. Prideaux-Brune, Padstow PL28 8RP
☏ 0 18 41-532 411 (Verwalter)

Öffnungszeiten: Ostersonntag bis Ende September So-Do 13.30-17 Uhr
Eintritt: Erwachsene £2, Kinder £1, Haus extra
Einrichtungen: zum Teil für Behinderte zugänglich, Tee & Kuchen, WC, Autoparkplatz

Elisabethanisches Anwesen im Besitz der Familie Prideaux-Brune. Wildpark & restaurierte Gartenbereiche oberhalb der Camel-Mündung. Formal gestalteter Senkgarten.

Anhang

Truro
Probus Gardens
Friends of Probus Gardens, Probus, Truro TR2 4HQ
(an der Trewithen-Kreuzung die A390 verlassen, ausgeschildert)
☏ 0 17 26-882 597, Fax 883 868

Öffnungszeiten: täglich 10-16 Uhr
Eintritt: $2,80, Kinder frei
Einrichtungen: Rollstuhlgeeignet, Café, Shop, WC, Auto- und Busparkplatz

Knapp 3 Hektar große Anlage mit verschiedenen beschilderten Pflanzensammlungen. Kleine Modellgärten, Wasseranlagen, Garten für Allergiker, Obst- & Gemüsegärten. Spezialgebiet: Pflanzen, die an der Küste wachsen. Hier findet der Gartenfreund viele Anregungen.

Truro
Roseland House
Charlie & Liz Pridham, Chacewater, Truro TR4 8QB
☏ 0 18 72-560 451

Öffnungszeiten: 1. April bis 31. Juli Di 13-18 Uhr
Eintritt: April-Mai $1, Juni bis August $1,50, Kinder frei
Einrichtungen: Tee & Kuchen, WC, Pflanzenverkauf, Auto- und Busparkplatz in der Nähe

Dieser Garten ist durch Mauern und Spaliere, an denen zahlreiche Kletterpflanzen ranken, in mehrere Bereiche unterteilt. Gemischte Rabatten mit außergewöhnlichen Pflanzen, viktorianischer Wintergarten und Gewächshaus.

Marazion
St. Michael's Mount
Lord St. Levan und National Trust, Marazion, in der Nähe von Penzance TR17 0HAT
☏ 0 17 36-710 507

Öffnungszeiten: Gärten: 1. April bis 31. Mai täglich; Schloß: 1. April bis 31. Oktober Mo-Fr 10.30-17.30 Uhr (letzter Einlaß 16.45)
Eintritt: $4,40, Familien $11, nur Gärten $1,50
Einrichtungen: für Behinderte nicht zugänglich, Pflanzenverkauf

Adressen von Parks und Gärten

Terrassenförmige Fels- & ummauerte Gärten aus dem 18. Jahrhundert mit vielen seltenen tropischen & subtropischen Pflanzen & Sträuchern. Die Anlage ist von einheimischen Wildblumen umgeben.

Truro
Towan Camellias
John Price, Towan Nurseries, Trevilla Hill, Feock, Truro TR3 6QG
(von der Trelissick Road Richtung Feock ausgeschildert)
☎ 0 12 09-890 252

Öffnungszeiten: 1. Februar bis 3. Mai So-Fr 12-17 Uhr & nach Vereinbarung
Eintritt: Spenden willkommen
Einrichtungen: nicht für Behinderte zugänglich, Pflanzenverkauf & Beratung, Autoparkplatz

Alte Gärtnerei in einem auf Kamelien und Hortensien spezialisierten Garten. Die Pflanzen sind mit Schildern versehen. Verschlungene Wege und geschwungene Rasenflächen. Ein überraschendes Juwel!

Falmouth
Trebah Garden
The Trebah Garden Trust, Mawnan Smith, in der Nähe von Falmouth TR11 5JZ
☎ 0 13 26-250 448

Öffnungszeiten: täglich 10.30-18.30 Uhr (letzter Einlaß 17 Uhr)
Eintritt: £3,50, Kinder unter 16 J. £1,20, Kinder unter 5 J. frei
Einrichtungen: zum Teil für Behinderte zugänglich, Souvenirladen, Pflanzenverkauf, Coffee Shop, WC, Auto- und Busparkplatz

Ein einmaliger Garten in schluchtartigem Gelände, das zu einem Privatstrand am Helford River abfällt. Wassergärten, Karpfenteich & Wasserfall. Rasenlandschaften & subtropische Üppigkeit. Das ganze Jahr hindurch eine Farbpracht. Ein Paradies für Gartenfreunde, Künstler, Kinder & Familien. Siehe auch S. 67.

St. Ives
Tregenna Castle Hotel Garden
Tregenna Castle Hotel, St. Ives TR26 2DE
☎ 0 17 36-795 254

Anhang

Öffnungszeiten: täglich 10 Uhr bis Einbruch der Dämmerung
Eintritt: frei
Einrichtungen: für Behinderte zugänglich, Tee & Kuchen, WC, Autoparkplatz, Busparkplatz in der Nähe

Großartig gestalteter ummauerter Garten mit subtropischen Pflanzen. 29 Hektar großes Gelände mit Spazierwegen durch Wald, Lichtungen an der Küste und Golfplatz.

St. Austell
Tregrehan
Carlyon Estate Par, PL24 2SJ
(A390 östlich von St. Austell, gegenüber vom „Britannia Inn")
☎ & Fax 0 17 26-814-389

Öffnungszeiten: Mitte März bis Mitte Juni täglich 10.30-17 Uhr
Eintritt: $2,50, Kinder frei
Einrichtungen: zum Teil für Behinderte zugänglich, Tee & Kuchen, WC, Pflanzenverkauf, Auto- und Busparkplatz

Waldgarten, der Anfang des 19. Jahrhunderts von der Familie Carlyon angelegt wurde. Vor allem Pflanzen aus warmen Regionen. Schöne Gewächshäuser in einem ummauerten Garten. Die auf Kamelien und heimische Pflanzen spezialisierte Gärtnerei kann nach Vereinbarung besichtigt werden.

Helston
Trelean Valley Garden
Mr. A. R. Harper, St. Martin-in-Meneage, in der Nähe von Helston TR12 6BZ
☎ 0 13 26-231 255

Öffnungszeiten: 1. April bis 31. Oktober täglich nach Vereinbarung
Eintritt: $1,50, Kinder frei
Einrichtungen: WC, Autoparkplatz

Frei gestalteter Talgarten inmitten der cornischen Naturschönheit. Rhododendren, blühende Sträucher, Ahorn, mehrjährige Staudenrabatten, Zierbäume und Koniferen. Besonders schöne Herbstfärbung. Ein Spazierweg führt am Helford River entlang. Ein Besuch sei jedem Gartenfreund empfohlen.

Adressen von Parks und Gärten

Truro
Trelissick Gardens
National Trust, Feock, Truro TR3 6QL
(ca. 6 km südlich von Truro an der B3289, nahe der Anlegestelle der King Harry Ferry)

☏ 0 18 72-862 090 oder 865 808
Öffnungszeiten: 27. Februar bis 31 Oktober Mo-Sa 10.30-17.30 Uhr; So 12.30-17.30 Uhr (letzter Einlaß 17 Uhr); März & Oktober bis 17 Uhr geöffnet
Eintritt: $4,20, Familien $10,50
Einrichtungen: Restaurant, WC, Pflanzenverkauf, Auto- und Busparkplatz

Einer der schönsten Gärten Cornwalls mit verschiedenen Pflanzensammlungen. U.a. Rhododendren, Kamelien, japanische Kirschbäume, Ahorn, Koniferen & Baumfarne. Durch Wälder geschütztes Gelände mit herrlichem Blick auf den Fluß. Siehe auch S. 60.

Penzance
Trengwainton Garden & House
National Trust & Col. E.T. Bolitho, Penzance TR20 8SA
(ca. 4 km nordwestlich, zu erreichen über die A 3071 Penzance - St. Just)
☏ 0 17 36-363 021 (National Trust), 0 17 36-363 148 (Chefgärtner)

Öffnungszeiten: 1. März bis 31. Oktober So-Do 10.30-17.30 Uhr (März und Oktober 10-17 Uhr), letzter Einlaß ½ Stunde vor Schließung
Eintritt: $3, Familien $7,50
Einrichtungen: für Behinderte zugänglich, Shop, Besucherzentrum, Tee & Kuchen, WC, Auto- und Busparkplatz

Großer Waldgarten mit weiter Sicht über die Mount's Bay. Umfangreiche Rhododendron-, Magnolien- & Kameliensammlung. Umfriedete Gärten mit zahlreichen ungewöhnlichen Sträuchern, die an keinem anderen Ort des britischen Festlands gedeihen. Wasser- & Sumpfpflanzen.

Newquay
Trerice
The National Trust, Newquay TR8 8PG
☏ 0 16 37-875 404

135

Anhang

Öffnungszeiten: 27. März bis 31. Oktober, in der Zeit vom 26. Juli bis 5. September täglich, ansonsten Di und Sa geschlossen, 11-17.30 Uhr (letzter Einlaß 17 Uhr)
Eintritt: £4, Familien £10
Einrichtungen: für Behinderte zugänglich, Restaurant, WC, Pflanzenverkauf, Auto- und Busparkplatz

Kleiner Garten, der vor allem im Sommer einen Besuch lohnt. Seltene mehrjährige Pflanzen. Sträucher & Kletterpflanzen. Reizvolle Farbeffekte in Gold und Violett. Altes Steinhaus (1571). Typischer West-Country-Obstgarten. Kleines Rasenmähermuseum.

Newquay
Tresillian House & Grounds
Mr. R. J. Davey, Summercourt, Newquay TR8 4PS
☏ 0 18 72-510 246
e-mail: farmworld@yahoo.com, Website: www/chycor.co.uk/dairyland

Öffnungszeiten: 1. April bis 30. September Mo-Fr Führungen um 14 & 19 Uhr
Eintritt: £3,50, mit Cream Tea bei Führung um 14 Uhr £5,50
Einrichtungen: zum Teil für Behinderte zugänglich, WC in der Nähe, Broschüre, Erfrischungen nach Vereinbarung, Auto- und Busparkplatz

Großer Garten mit Country House aus dem 19. Jahrhundert. Ummauerter viktorianischer Küchengarten. Cornische Obstgärten, viktorianische Gemüse- & Blumensorten. Organische Anbaumethoden. Kleiner See & Spazierwege durch den Wald. Siehe auch S. 74.

Helston
Trevarno Manor Gardens
Mr. M. Sagin & Mr. N. Helsby, Trevarno Estate, Helston TR13 0RU
☏ 0 13 26-574 274

Öffnungszeiten: täglich 10.30-17.00 Uhr
Eintritt: £3, Senioren & Behinderte £2,50, Kinder unter 14 J. £1,25, Kinder unter 5 J. frei
Einrichtungen: zum Teil für Behinderte zugänglich, Tee & Kuchen, WC, Pflanzenverkauf, Shop, Auto- und Busparkplatz, Gartenmuseum

Adressen von Parks und Gärten

Inmitten des schönen, 700 Jahre alten Trevarno Estate liegt einer der romantischsten Wäldgärten Cornwalls. Seltene Sträucher, Bäume, ummauerte Gärten, geheimnisvolle Steingärten, Grotte, idyllischer See, Wasserkaskade u.a.

Probus bei Truro
Trewithen House & Gardens
Mr. & Mrs. A. M. J. Galsworthy, Grampound Road, in der Nähe von Truro TR2 4DD
☏ 017 26-883 647

Öffnungszeiten: Gärten: 1. März bis 30. September Mo-Sa 10-16.30 Uhr (April-Mai auch So); Haus und Walled Garden: 1. April bis 31. Juli Mo & Di 14-16 Uhr
Eintritt: Gärten: £3; Kinder £1,50; Haus: £3,20; Kinder £1,50
Einrichtungen: für Behinderte zugänglich, Tee & Kuchen, WC, Pflanzenverkauf, Auto- und Busparkplatz

International bekannter Garten inmitten eines Landschaftsparks aus dem 18. Jahrhundert. Mit georgianischem Landsitz. Berühmt für seine Rhododendron-, Magnolien- & Kameliensammlung.

Bodmin
Watergate
Mrs. S. A. Livingston, Trelill, Bodmin PL30 3HX
☏ 0 12 08-850 712

Öffnungszeiten: April bis Juli nach Vereinbarung
Eintritt: £2, Kinder unter 16 J. frei
Einrichtungen: zum Teil für Behinderte zugänglich, Tee & Kuchen, WC, Parkplatz in der Nähe

Hübscher Garten in reizvoller Lage an einem kleinen Fluß. Im Frühling blühen zahlreiche Arten von Narzissen, Kamelien, Rhododendren & Magnolien. Wassergarten mit Primeln und anderen schönen Blumen. Sträucher, Staudenrabatten & alte Rosen.

Bodmin
Wetherham
The Amor Familiy, St. Tudy, Bodmin PL30 3NJ
☏ 0 12 08-851 492

Anhang

Öffnungszeiten: täglich außer Sa 10.30-17 Uhr, Abendbesuche nach Vereinbarung
Eintritt: $3, Kinder von 5-16 J. $1,50, Kinder unter 5 J. frei
Einrichtungen: zum Teil für Behinderte zugänglich, Tea Room, WC, Pflanzenverkauf, Auto- und Busparkplatz

Restaurierter Garten (1660) mit älteren Ursprüngen. See & Mühlteich. Sumpf, mit Buchs eingefaßter Gemüsegarten, umschlossener Kräutergarten, sechseckiger Rosengarten & Waldwege.

Literatur zum Thema

Aus der schier unüberschaubaren Fülle von Büchern zum englischen Garten und zur Gartengestaltung seien hier nur einige besonders interessante Titel genannt.

Nigel Colborn, Gärtnern wie in guter alter Zeit. Blumen-, Gemüse-, Kräuter- und Obstgärten, Köln 1993

Margery Fish, Die schönsten Blumen für den Cottage-Garten, Köln 1992

Christopher Lloyd/Richard Bird, Kleine Gartenparadiese. Der Cottage-Garten, Köln 1990

Gertrude Jekyll, Pflanzenbilder aus meinen Gärten. Über englische Gartengestaltung, Stuttgart 1988

Werner Richner/Annette Roellenbleck, Lavendel, Hamm 1994

Peter Sager, Englische Gartenlust. Von Cornwall bis Kew Gardens, Frankfurt/M. 1999

John Scarman, Gärtnern mit alten Rosen, München 1997

Tim Smit, The Lost Gardens of Heligan, London 1997

Emelie Tolley/Chris Mead, Gartengestaltung mit Kräutern, Köln 1996

Rosemary Verey, Mein Traumgarten entsteht, München 1996

Danksagung

Die Fotografen und die Redaktion danken all jenen herzlich, die zur Entstehung dieses Buches beigetragen haben. Besonderer Dank gilt den hier Genannten, die mit großer Hilfsbereitschaft und guten Ratschlägen unsere Arbeit unterstützt haben: Mr. R. J. Davey und Mr. R. J. Harris/Newquay, Major & Mrs. Henslowe/Liskeard, Familie Osman/Manaccan, Marianne & Robert Williams/South Petherton, Mr. & Mrs. Penna/Penwartha, Ulrike Kocher/Köln.

Bildnachweis

S. 18: Archiv für Kunst und Geschichte Berlin;
S. 19, 22, 27: © 1990 Editoriale Jaca Book spa, Milano. Alle Rechte vorbehalten. Abdruck aus: Virgilio Vercelloni, Atlante storico dell'idea del giardino europeo; © der deutschen Ausgabe: 1993 DVA, Stuttgart;
S. 37, 42, 87, 91, 105, 115: Annette Roellenbleck/Köln;
alle übrigen Fotos: Cornelis Gollhardt/Köln, Stephan Wieland/Düsseldorf

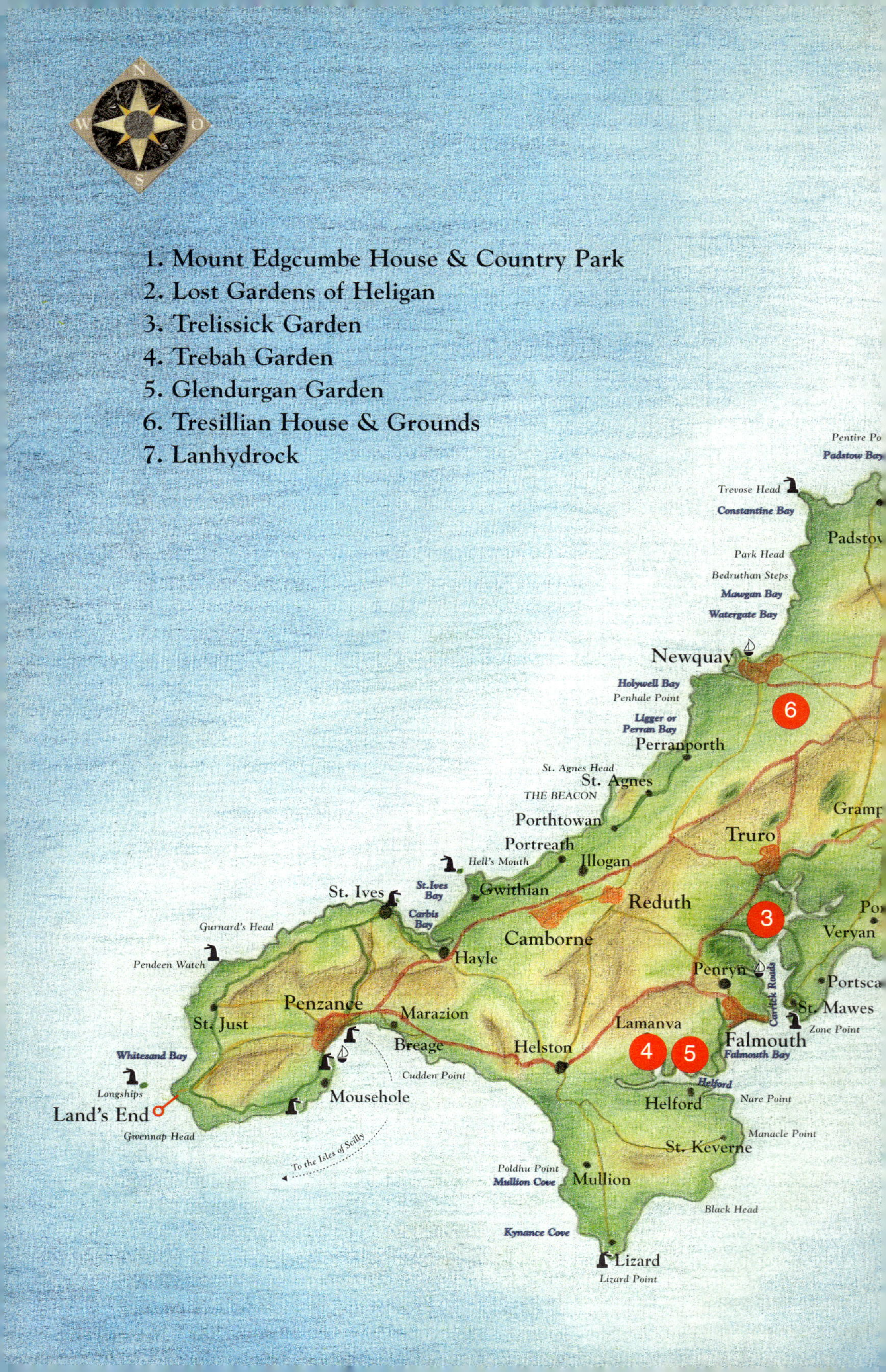

1. Mount Edgcumbe House & Country Park
2. Lost Gardens of Heligan
3. Trelissick Garden
4. Trebah Garden
5. Glendurgan Garden
6. Tresillian House & Grounds
7. Lanhydrock

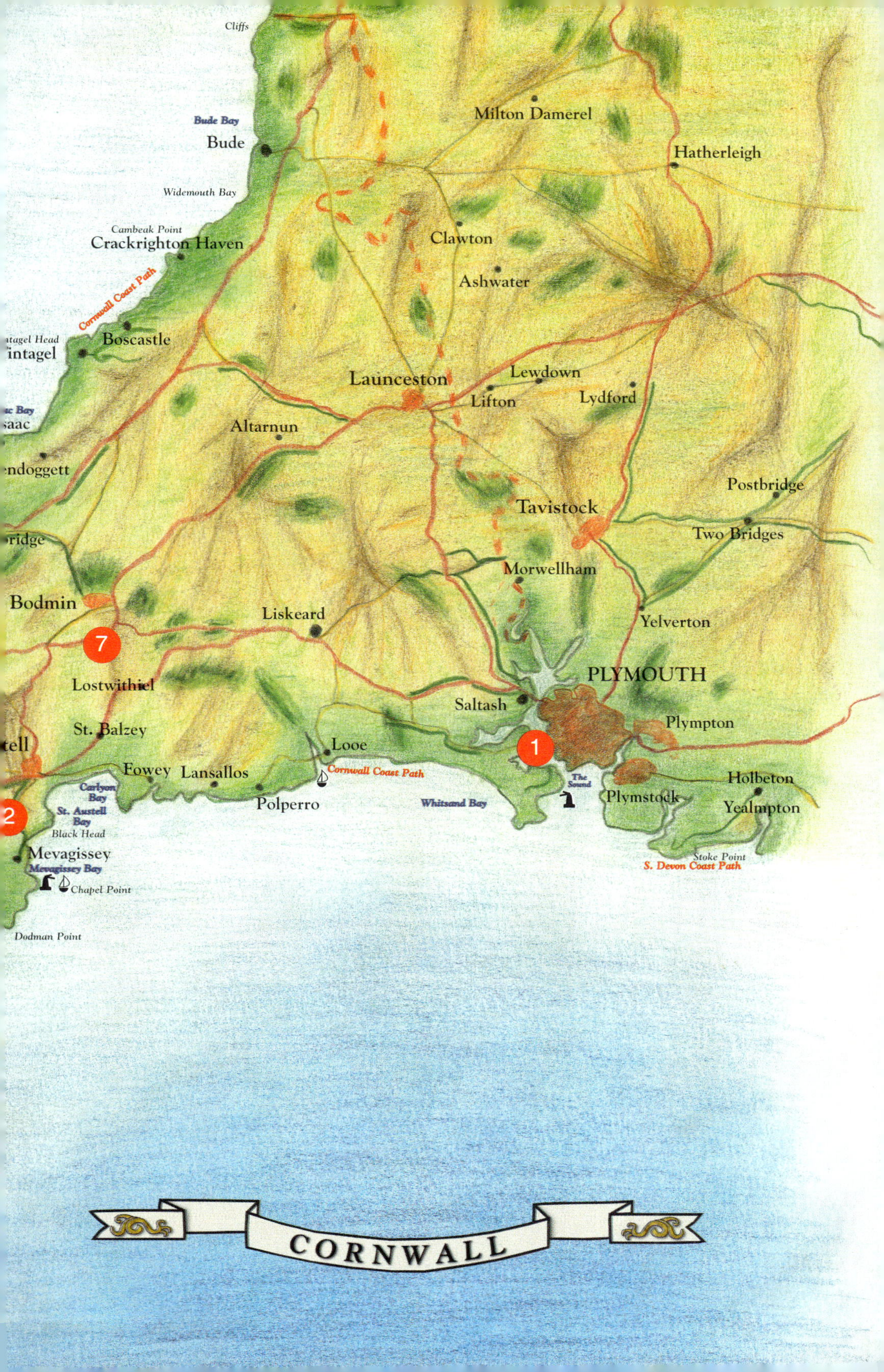

Cliffs
Bude Bay
Bude
Milton Damerel
Hatherleigh
Widemouth Bay
Cambeak Point
Crackrighton Haven
Cornwall Coast Path
Clawton
Ashwater
ıtagel Head
ïntagel
Boscastle
Launceston
Lewdown
Lifton
Lydford
ıc Bay
ṡaac
Altarnun
ındoggett
Postbridge
Tavistock
Two Bridges
ridge
Morwellham
Bodmin
Liskeard
Yelverton
7
Lostwithiel
PLYMOUTH
Saltash
Plympton
St. Balzey
Looe
1
tell
Fowey
Lansallos
Cornwall Coast Path
Holbeton
Carlyon Bay
The Sound
Plymstock
Polperro
Whitsand Bay
Yealmpton
2
St. Austell Bay
Black Head
Mevagissey
Stoke Point
Mevagissey Bay
S. Devon Coast Path
Chapel Point
Dodman Point
CORNWALL

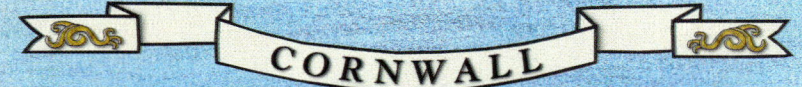

Essen wie Gott in Cornwall

Im stilvollen Ambiente malerischer Fischerdörfer, vornehmer Herrenhäuser und traumhafter Natur entfaltet sich eine Lebenskultur, in der gediegene Tafelfreuden eine herausragende Rolle spielen. Leben und geniessen in Cornwall dokumentiert die beeindruckende Vielfalt der cornischen Küche, ergänzt um zahlreiche Geschichten und Anekdoten aus Rosamunde Pilchers Cornwall.

Claus Beling (Hg.)
Leben und geniessen in Cornwall
Eine Reise in die Welt der
Rosamunde Pilcher-Filme
124 Seiten, zahlr. farb. Abb.
geb. DM 34,-/öS248,-/sFr 31,50
ISBN 3-8025-2730-5

www.vgs.de